書名：謝氏地理書
系列：心一堂術數珍本古籍叢刊　堪輿類
作者：〔民國〕謝復

主編、責任編輯：陳劍聰
心一堂術數珍本古籍叢刊編校小組：陳劍聰　素聞　梁松盛　鄒偉才　虛白盧主

出版：心一堂有限公司
地址／門市：香港九龍尖沙咀東麼地道六十三號好時中心LG 六十一室
電話號碼：+852-6715-0840
網址：www.sunyata.cc
電郵：sunyatabook@gmail.com
網上書店：http://book.sunyata.cc
網上論壇：http://bbs.sunyata.cc/

版次：二零一三年十二月初版
平裝

　　港幣　七十九元正
定價：人民幣　七十九元正
　　新台幣　二百五十元正

國際書號：ISBN 978-988-8266-37-1

香港及海外發行：香港聯合書刊物流有限公司
地址：香港新界大埔汀麗路三十六號中華商務印刷大廈三樓
電話號碼：+852-2150-2100
傳真號碼：+852-2407-3062
電郵：info@suplogistics.com.hk

台灣發行：秀威資訊科技股份有限公司
地址：台灣台北市內湖區瑞光路七十六巷六十五號一樓
電話號碼：+886-2-2796-3638
傳真號碼：+886-2-2796-1377
網路書店：www.govbooks.com.tw
　　　　　www.bodbooks.com.tw
經銷：易可數位行銷股份有限公司
地址：台灣新北市新店區寶橋路二三五巷六弄三號五樓
電話號碼：+886-2-8911-0825
傳真號碼：+886-2-8911-0801
email：book-info@ecorebooks.com
易可部落格：http://ecorebooks.pixnet.net/blog

中國大陸發行・零售：心一堂書店
深圳地址：中國深圳羅湖立新路六號東門博雅負一層零零八號
電話號碼：+86-755-8222-4934
北京地址：中國北京東城區雍和宮大街四十號
心一店淘寶網：http://sunyatacc.taobao.com

心一堂術數古籍珍本叢刊 總序

術數定義

術數，大概可謂以「推算、推演人（個人、群體、國家等）、事、物、自然現象、時間、空間方位等規律及氣數，並或通過種種『方術』，從而達致趨吉避凶或某種特定目的」之知識體系和方法。

術數類別

我國術數的內容類別，歷代不盡相同，例如《漢書・藝文志》中載，漢代術數有六類：天文、曆譜、無行、蓍龜、雜占、形法。至清代《四庫全書》，術數類則有：數學、占候、相宅相墓、占卜、命書、相書、陰陽五行、雜技術等，其他如《後漢書・方術部》、《藝文類聚・方術部》、《太平御覽・方術部》等，對於術數的分類，皆有差異。古代多把天文、曆譜、及部份數學均歸入術數類，而民間流行亦視傳統醫學作為術數的一環；此外，有些術數與宗教中的方術亦往往難以分開。現代學界則常將各種術數歸納為五大類別：命、卜、相、醫、山，通稱「五術」。

本叢刊在《四庫全書》的分類基礎上，將術數分為九大類別：占筮、星命、相術、堪輿、選擇、三式、讖緯、理數（陰陽五行）、雜術。而未收天文、曆譜、算術、宗教方術、醫學。

術數思想與發展——從術到學，乃至合道

我國術數是由上古的占星、卜蓍、形法等術發展下來的。其中卜蓍之術，是歷經夏商周三代而通過「龜卜、蓍筮」得出卜（卦）辭的一種預測（吉凶成敗）術，之後歸納並結集成書，此即現傳之《易經》。經過春秋戰國至秦漢之際，受到當時諸子百家的影響、儒家的推祟，遂有《易傳》等的出現，原本是卜蓍術書的《易經》，被提升及解讀成有包涵「天地之道（理）」之學。因此，《易・繫辭傳》曰：「易與天地準，故能彌綸天地之道。」

漢代以後，易學中的陰陽學說，與五行、九宮、干支、氣運、災變、律曆、卦氣、讖緯、天人感應說等相結

合，形成易學中象數系統。而其他原與《易經》本來沒有關係的術數，如占星、形法、選擇，亦漸漸以易理（象數學說）為依歸。《四庫全書・易類小序》云：「術數之興，多在秦漢以後。要其旨，不出乎陰陽五行，生尅制化。實皆《易》之支派，傅以雜說耳。」至此，術數可謂已由「術」發展成「學」。

及至宋代，術數理論與理學中的河圖洛書、太極圖、邵雍先天之學及皇極經世等學說給合，通過術數以演繹理學中「天地中有一太極，萬物中各有一太極」（《朱子語類》）的思想。術數理論不單已發展至十分成熟，而且也從其學理中衍生一些新的方法或理論，如《梅花易數》、《河洛理數》等。

在傳統上，術數功能往往不止於僅僅作為趨吉避凶的方術，及「能彌綸天地之道」的學問，亦有其「修心養性」的功能，「與道合一」（修道）的內涵。《素問・上古天真論》：「上古之人，其知道者，法於陰陽，和於術數。」數之意義，不單是外在的算數、歷數、氣數，而是與理學中同等的「道」、「理」—心性的功能，北宋理氣家邵雍對此多有發揮：「聖人之心，是亦數也」、「萬化萬事生乎心」、「心為太極」。《觀物外篇》：「先天之學，心法也。⋯⋯蓋天地萬物之理，盡在其中矣，心一而不分，則能應萬物。」反過來說，宋代的術數理論，受到當時理學、佛道及宋易影響，認為心性本質上是等同天地之太極。天地萬物氣數規律，能通過內觀自心而有所感知，即是內心也已具備有術數的推演及預測、感知能力；相傳是邵雍所創之《梅花易數》，便是在這樣的背景下誕生。

《易・文言傳》已有「積善之家，必有餘慶；積不善之家，必有餘殃」之說，至漢代流行的災變說及讖緯說，我國數千年來都認為天災，異常天象（自然現象），皆與一國或一地的施政者失德有關；下至家族、個人之盛衰，也都與一族一人之德行修養有關。因此，我國術數中除了吉凶盛衰理數之外，人心的德行修養，也是趨吉避凶的一個關鍵因素。

術數與宗教、修道

在這種思想之下，我國術數不單只是附屬於巫術或宗教行為的方術，又往往已是一種宗教的修煉手段—通過術數，以知陰陽，乃至合陰陽（道）。「其知道者，法於陰陽，和於術數。」例如，「奇門遁甲」術中，即分為「術奇門」與「法奇門」兩大類。「法奇門」中有大量道教中符籙、手印、存想、內煉的內容，是道教內丹外法的一種重要外法修煉體系。甚至在雷法一系的修煉上，亦大量應用了術數內容。此外，相術、堪輿術中也有修煉望氣色的方法；堪輿家除了選擇陰陽宅之吉凶外，也有道教中選擇適合修道環境(法、財、侶、地中的地)的方法，以至通過堪輿術觀察天地山川陰陽之氣，亦成為領悟陰陽金丹大道的一途。

易學體系以外的術數與的少數民族的術數

我國術數中，也有不用或不全用易理作為其理論依據的，如楊雄的《太玄》、司馬光的《潛虛》。也有一些占卜法、雜術不屬於《易經》系統，不過對後世影響較少而已。

外來宗教及少數民族中也有不少雖受漢文化影響(如陰陽、五行、二十八宿等學說)但仍自成系統的術數，如古代的西夏、突厥、吐魯番等占卜及星占術，藏族中有多種藏傳佛教占卜術、苯教占卜術、擇吉術、推命術、相術等；北方少數民族有薩滿教占卜術；不少少數民族如水族、白族、布朗族、佤族、彝族、苗族等，皆有占雞(卦)草卜、雞蛋卜等術，納西族的占星術、占卜術，彝族畢摩的推命術、占卜術…等等，都是屬於《易經》體系以外的術數。相對上，外國傳入的術數以及其理論，對我國術數影響更大。

曆法、推步術與外來術數的影響

我國的術數與曆法的關係非常緊密。早期的術數中，很多是利用星宿或星宿組合的位置(如某星在某州或某宮某度)付予某種吉凶意義，并據之以推演，例如歲星(木星)、月將(某月太陽所躔之宮次)等。不過，由於不同的古代曆法推步的誤差及歲差的問題，若干年後，其術數所用之星辰的位置，已與真實星辰的位置不一樣了；此如歲星(木星)，早期的曆法及術數以十二年為一周期(以應地支)，與木星真實周期十一點八六年，每幾十年便錯一宮。後來術家又設一「太歲」的假想星體來解決，是歲星運行的相反，週期亦剛好是十二年。而術數中的神煞，很多即是根據太歲的位置而定。又如六壬術中的「月將」，原是立春節氣後太陽躔娵訾之次而稱作「登明亥將」，至宋代，因歲差的關係，要到雨水節氣後太陽才躔娵訾之次，當時沈括提出了修正，但明清時六壬術中「月將」仍然沿用宋代沈括修正的起法沒有再修正。

由於以真實星象周期的推步術是非常繁複，而且古代星象推步術本身亦有不少誤差，大多數術數除依曆書保留了太陽（節氣）、太陰（月相）的簡單宮次計算外，漸漸形成根據干支、日月等的各自起例，以起出其他具有不同含義的眾多假想星象及神煞系統。唐宋以後，我國絕大部份術數都主要沿用這一系統，也出現了不少完全脫離真實星象的術數，如《子平術》、《紫微斗數》、《鐵版神數》等。後來就連一些利用真實星辰位置的術數，如《七政四餘術》及 選擇法中的《天星選擇》，也已與假想星象及神煞混合而使用了。

隨着古代外國曆（推步）、術數的傳入，如唐代傳入的印度曆法及術數，元代傳入的回回曆等，其中我國占星術便吸收了印度占星術中羅睺星、計都星等而形成四餘星，又通過阿拉伯占星術而吸收了其中來自希臘、巴比倫占星術的黃道十二宮、四元素學說（地、水、火、風），並與我國傳統的二十八宿、五行說、神煞系統並存而形成《七政四餘術》。此外，一些術數中的北斗星名，不用我國傳統的星名：天樞、天璿、天璣、天權、玉衡、開陽、搖光，而是使用來自印度梵文所譯的：貪狼、巨門、祿存、文曲，廉貞、武曲、破軍等，此明顯是受到唐代從印度傳入的曆法及占星術所影響。如星命術的《紫微斗數》及堪輿術的《撼龍經》等文獻中，其星皆用印度譯名。及至清初《時憲曆》，置潤之法則改用西法「定氣」。清代以後的術數，又作過不少的調整。

術數在古代社會及外國的影響

術數在古代社會中一直扮演着一個非常重要的角色，影響層面不單只是某一階層、某一職業、某一年齡的人，而是上自帝王，下至普通百姓，從出生到死亡，不論是生活上的小事如洗髮、出行等，大事如建房、入伙、出兵等，從個人、家族以至國家，從天文、氣象、地理到人事、軍事，從民俗、學術到宗教，都離不開術數的應用。如古代政府的中欽天監（司天監），除了負責天文、曆法、輿地之外，亦精通其他如星占、選擇、堪輿等術數，除在皇室人員及朝庭中應用外，也定期頒行日書、修定術數，使民間對於天文、日曆用事吉凶及使用其他術數時，有所依從。

在古代，我國的漢族術數，甚至影響遍及西夏、突厥、吐蕃、阿拉伯、印度、東南亞諸國、朝鮮、日本、越南等地，其中朝鮮、日本、越南等國，一至到了民國時期，仍然沿用着我國的多種術數。

術數研究

術數在我國古代社會雖然影響深遠，「是傳統中國理念中的一門科學，從傳統的陰陽、五行、九宮、八卦、河圖、洛書等觀念作大自然的研究。……傳統中國的天文學、數學、煉丹術等，要到上世紀中葉始受世界學者肯定。可是，術數還未受到應得的注意。術數在傳統中國科技史、思想史，文化史、社會史，甚至軍事史都有一定的影響。……更進一步了解術數，我們將更能了解中國歷史的全貌。」（何丙郁《術數、天文與醫學　中國科技史的新視野》，香港城市大學中國文化中心。）

可是術數至今一直不受正統學界所重視，加上術家藏秘自珍，又揚言天機不可洩漏，「（術數）乃吾國科學與哲學融貫而成一種學說，數千年來傳衍嬗變，或隱或現，全賴一二有心人為之繼續維繫，賴以不絕，其中確有學術上研究之價值，非徒癡人說夢，荒誕不經之謂也。其所以至今不能在科學中成立一種地位者，實有數困。蓋古代士大夫階級目醫卜星相為九流之學，多恥道之；而發明諸大師又故為惝恍迷離之辭，以待後人探索；間有一二賢者有所發明，亦秘莫如深，既恐洩天地之秘，複恐譏為旁門左道，始終不肯公開研究，成立一有系統說明之書籍，貽之後世。故居今日而欲研究此種學術，實一極困難之事。」（民國徐樂吾《子平真詮評註》，方重審序）

現存的術數古籍，除極少數是唐、宋、元的版本外，絕大多數是明、清兩代的版本。其內容也主要是明、清兩代流行的術數，唐宋以前的術數及其書籍，大部份均已失傳，只能從史料記載、出土文獻、敦煌遺書中稍窺一鱗半爪。

術數版本

坊間術數古籍版本，大多是晚清書坊之翻刻本及民國書賈之重排本，其中豕亥魚魯，或而任意增刪，往往文意全非，以至不能卒讀。現今不論是術數愛好者，還是民俗、史學、社會、文化、版本等學術研究者，要想得一常見術數書籍的善本、原版，已經非常困難，更遑論稿本、鈔本、孤本。在文獻不足及缺乏善本的情況下，要想對術數的源流、理法、及其影響，作全面深入的研究，幾不可能。

有見及此，本叢刊編校小組經多年努力及多方協助，在中國、韓國、日本等地區搜羅了一九四九年以前漢文為主的術數類善本、珍本、鈔本、孤本、稿本、批校本等千餘種，精選出其中最佳版本，以最新數碼技術清理、修復版面，更正明顯的錯訛，部份善本更以原色精印，務求更勝原本，以饗讀者。不過，限於編校小組的水平，版本選擇及考證、文字修正、提要內容等方面，恐有疏漏及舛誤之處，懇請方家不吝指正。

心一堂術數古籍珍本叢刊編校小組
二零零九年七月

謝註楊經撼疑龍序

玄黃剖判。乾坤定位。洪荒之世。不可考已。禹平水土。爰奠山川。盤庚遷殷。公劉荒邠。莫不相陰陽。觀流泉。度原隰。以定居宜民。堪輿家言。于焉肇造。郭璞葬經。始言吉凶。迪吉逆凶。如響斯應。而理賅言簡。莫測涯涘。後世遞相祖述。支分派別。各自名家。唐楊益於撼龍疑龍二經。就九星形體辨別眞僞。剖晰毫芒。如指南之車。頓開覺路。實堪輿之嚮導。後學之津梁。嗣餘諸家著述。有裨詮疏、莫出範圍。此外各家註解。往往未明旨趣。妄相講說。甚者章節不分。字義莫辨。又復梨棗充庭。魯魚滿目。使學者如墮五里霧中。莫不廢卷太息。致使大輅覆乘。後車輟軌。晦盲否塞。於斯而極。良可慨也。老友謝君。深儲服膺楊書。歷數十載。以所經驗。貫通書旨。始知楊書眞蘊。多爲謬註所晦。爰集羣書。互相考證。爬梳剔刮。眞理畢現。譬猶日月薄蝕。復見重光。亦快事也。謝君許爲覓一葬地。山陬海澨。必有爲余藏形之所。如其無之。吾寧揚灰而裸瘞也。

中華民國十有三年歲次甲子二月二十六日

金華王廷揚謹序

謝復見心子自序

慨自幼年失怙。棄儒業農。迨弱冠。發憤讀書。正月新婚。甫三夕。負笈從師。勿戀也。後應試。當默孝經。熟讀之。頓悟卜宅安厝句。乃痛　先嚴好學。遭兵燹。爲民殉難。旋平定。諸事了草。葬不卜吉。心不少安。託覓佳城。十年無一應。歎求人不如求己也。課讀餘閒。閱堪輿雪心兩書。粗識巒頭。未諳理氣。歲辛卯。卜地改葬。破土三尺。見內暈石函。工人訝是石。余喜曰。石中必佳土。指適中鋤之。函面稍嫌硬。鋤皆石屑。深川三寸。堅土紅潤。重數倍凡土。羣戲目余仙。余莞爾曰。何得稱仙。　先嚴盛德。應受此耳。遂遷葬焉。局甚寬。骨久枯。知無速效。幸安　先父神。追計後人福發。聽之。否亦聽之。但人壽幾何。河清難俟。未知地吉。尤須運吉也。行年五十。而知四十九之非。復潛心於地理辨正。經固深奧。註亦含蓄。求欲三年通一經。未能如願。購凡用蔣盤諸書徧閱之。宛東雲出鱗。西雲露爪。知其一。究不知其全。乃仍取楊經。簡練而揣摩之。決志不爲則已。爲則必要其成。夙夜𢿙求。潛思默悟。恍如楊公面命曰。吾道一以貫之。復愛楊經。初每博學其文。精力緣以困疲。後乃約守其理。心神爲之益暢。理既喻。歷把　先塋龍脈向水處處證驗。一一合符。然後知認得龍眞。自然穴的。扦得穴的。自然向眞。山龍一定之理耳。但理本於天。天以氣生。斯地以形成。必相地之陰質。以迎合天之陽氣。而後陰陽媾聚。凝此穴中而不散。則得運尤要矣。蓋葬者乘生氣也。下乘地之氣。尤必上乘天之氣。天氣動於上。人爲須應之。人爲動於下。天氣即從之。天與人。一而二。二而一也。然河洛之理氣。用也。山川之形勢。體也。體或失眞。用將焉傳。故理氣正宗。不離天玉寶照。而形勢眞相。必學撼龍擬龍耳。理氣之書。蔣之傳。姜之註。尹之補義。至詳至備。間有隱秘。亦略與發明矣。形勢之書。諸先哲雖多善本。要推撼疑兩經爲最精。余愛不釋手。閒有心得。隨讀隨評。藏諸家。不欲傳於世也。適去歲友人竺君託買此經。偏紹書莊。無正文亦無古註。只有高註一册。歸閱之。咄咄怪事。註固無當也。經文亦多改易。經皆叶韻。高不諳韻。改多不諧。則幼未讀千家神童詩。已可概見。閒有不能索解語。輒以意易之。猶不足責。甚易巨門爲武曲。武曲爲巨門。若此妄爲。果何所據。云據古本。則貪木直尖。巨土方正。武金高圓。自古相沿。如出一轍。古本何氏能獨異乎。矧楊公爲地理之聖。猶我孔子爲倫理之聖。仲景爲醫理之聖。無多讓也。古經從無擅易者。朱子大賢。知經秦火。簡編舛錯。移易天一地二節繫辭。楊生秦火後。書無舛錯。何物鬼魅。敢妄矜絕技。擅自顛倒天星哉。尤可笑者。破軍篇海門旺氣連閩越。註爲江蘇海門。改越爲粵。則本經明言二山鎖浙爲海門。非江蘇海門

也。既海門指浙。則越的非粵。在紹不在廣矣。又疑龍上卷江陰墳句。江之
南海(岸)曰陰。岸旁高地曰墳。高氏亂談。胡說是江陰縣。哉如此妄言不通。已
極。術家猶蟻附蠅趨。清初迄今。多尤而效者。當今世變。何莫非撼疑二經
被高汚蔑。致明地學日稀。國運乃遭此刦乎。不急梓二經解明。救正之。則
楊公有云。大抵人是山川英。天降聖賢爲時生。江河日下矣。不生聖賢。誰
作中流之砥柱。時局日非矣。不曉地理。誰卜聖賢之祖塋。孟子拒楊墨謂
楊墨之道不息。孔子之道不著。又謂能言拒楊墨者。聖人之徒也。余拒高
氏註亦猶是云爾。又附青囊奧語寶照天元山龍水龍各一篇。補二經所
未備。與夫元運挨星等。各有用法。各有全書。茲刻是經。節其要語。與偶得
於心者附後。爲初學入門之路。閱者諒旃。
中華民國甲子年春剡溪謝復見心子叙

凡例

一撼龍之首。先叙總論。提揭大綱。九星大旨已見。

一九星各篇。言皆有次。廉貞篇叙次尤明。細玩自知。

一疑龍三卷。分言枝幹背面及隨星認穴。條理井井。

一細註襯於逐字逐句間。便學者閱之。一目瞭然。

一總註發全節大意。及補細註未詳明者。

一增註又說。雖屬餘義。要皆閱歷之言。玩之。

一正穴八種。經旨已明。恠穴八種。分註亦明。變穴多形。惟說高嶺祿結窩鉗。巨門破結乳頭。餘雖不言。要皆窩鉗乳突之變。類隨地看形勢可知。

一九星分形。須認得眞。裁穴自易。又一星分數種。多或十餘種。尤須分得清楚。才能辨得吉凶。

一疑龍悉辨眞僞其枝幹形體移換背面及官鬼曜砂堂案各有不同宜熟讀通知然後登山歷驗

一天地人三劫小地多不宜大地照此看方不致誤

一熟習此經玩味此註屢登山察閱自信此經深閱歷所著此註深閱歷而言照此試驗每與山法合符知傳書直同傳眼矣

一經中精要語不便詳註每加三圈惟護身脚句最緊要識者亦少全句密圈愼勿滑口讀過每見多圈句宜細心體認

一地以元運爲先運由洛書所定不合運者雖山明水秀祇能留待後人勿先犯煞以取禍也

一法以挨星爲上砂形吉宜挨星吉水運吉亦宜挨星吉挨星不吉水得令山起峯總不足取

一挨星用法。大致略備。隨處闡明秘奧。透發精蘊。中智之才。自當曉悟。傳心之法。無逾於此。

一古鏡有全書。此維摘錄。書中多隱語。此頗發明。余註此。知古人不余非。我傳此。諒今人不余誚也。

一山地龍穴砂水。理氣有催官形勢。有精語。但賴稱第一。天皇龍於今之運不合。尹謂山穴可坐空。於古之法不合。學者不可不知。

一曆書載四十八局。與術士三合盤。均冒楊公。不知青囊序二十四山分順逆共成四十有八局。謂同此向水。遇上下異元。分順逆挨輪局成四十八。非三合生旺墓之局也。局既僞託。盤決非楊。特大聲疾呼。勸及早回頭。勿再貽誤。三合盤。只將山龍可用。且獨用內盤。龍要合向向合水。亦獨用內盤。外無用處。

一賴之天星。於今差十八度。如亥爲天皇。今歲差所移。已在乾兼戌三分。

諸可類推。蓋催官天星。約照賴前六百年古度。未經更正。天星六十餘年退一度。賴至今又六百餘年。故天星退十八度也。余知於量天尺。二編解明水龍俟續出

浙江嵊縣謝復見心子深儲解定
仝縣門人張　堪弘逵錄稿
諸暨後學趙秉良望寅校正

目錄

附辟邪諸說先後互見皆復手訂

附水龍兼取輔弼補救法亦復新發明水地最要可以三元不敗

附地但求眞莫求大說

九星分揭大綱

貪巨武三吉純淨者少。破祿兼戴者多。祿戴在頂上。三吉全大貴。破兼在本身。三吉全亦貴。總不如淨三吉全者尤貴。貪武爲帝星。貪主文貴。武兼富貴。巨門爲極星。至尊極貴。

輔弼爲貪武落穴。爲入垣近衛。俱低小。惟禁穴京都。必以高大輔星爲遠衛。爲羅城。爲垣前朝山外左右執法。故近者戴弁橫班如覆笠。遠皆高山頂上如幞頭。所謂要識左輔宿。入都辨垣局也。

輔星自作龍。首節已詳言。或隨三吉作龍。或戴九星作龍。形各不同。見於左輔篇末。　弼爲隱曜星。落坪多有之。入穴亦有之。低小鬼山各從龍星分種類。亦爲弼星。故此星多吉少凶。又輔弼爲次吉。各隨龍星分富貴。廉貞爲引龍祖山。爲貴龍朝應。爲大地關門。均屬貴徵。一變貪巨武即貴。

三節連變貪巨武。大貴。若出脈不變。卽結近穴。大凶。故廉不常見。文曲爲九星過渡。故九星挾皆文而行。廉下初發脈。亦多以文爲引龍。再起尊星則吉。起他星當辨吉凶。落平枝平岡。不能起峯屈曲而散漫者主淫。得一峯便活。雖變輔弼亦吉。起尊星則端貌科第。但文係柔星主女權。側面成蛾眉。連接生數峯。護山亦高。龍不受風。女作后妃。男亦高官。破祿凶星。到處多有。所謂天下山山有破祿也。但二星多爲五吉作閒。故武曲常帶破軍行。祿存或有武巨力。如祿存上特起高貪。主出聖賢。連戴三吉下成禁穴。生瓜瓠。脚抱本身者吉。不抱本身出脚亂行。出盜大凶。破軍如走旗。上起三台六府者。爲起祖之星。遠出必結大地。有六府而無三台。猶之有寶殿而無龍樓者。亦貴。與廉貞龍樓寶殿同爲至貴之龍。無三台六府者。爲行度之龍。或爲大幹作護龍。或同祿存作間龍。

撼龍經

唐楊益筠松著、見心子謝復、因僞註誤世、根據蔣宗城註、而解益詳明、

山龍之法。盡於撼龍疑龍。公祇就九星形體。吉凶行度。大法而言。而九星巒頭。有一星止一二種者。有多至十餘種者。總以圓淨端正。則眞而吉。欹斜破裂。則僞而凶。且自起祖分宗。穿帳出脈。關城過峽。剝換落頭。以至穴場明堂。關局朝案。水口羅星。砂之纏送護托。穴之官鬼煞曜。舉一眞者。即指一似者。以辨其僞眞僞之間。纖微剖晰。洵堪輿之典要地理之祖宗。字字皆閱歷之言。驗有確據。而其筆出神入化。未易窺測。復以數十年經驗。考證而申明之。學者宜細心體認。用力久而豁然貫通。始信此經之堂奧。必由此註爲指南。深造而自有得焉。山家論形去乎二經。則爲邪說。即有正書。亦多如人面之風。隨處可以附會。不及此書之點滴歸源。無可游移。故楊公而後。如邱公延翰。吳公景鸞。廖公金精。

賴公太素諸哲著作均在註疏之列。惟郭公葬經在此經以前。言皆簡要。爲楊公所崇信。當亦如孔子之尊老子而稱之曰其猶龍乎。

統論篇

崑崙山在中國西北方。貼近葱嶺之東。是天地之骨。居中鎭於天地爲最鉅之物。如人之背脊與項粱。生出四肢龍皆突兀。四肢之山分出四世界。南北東西爲四派。其南洋北洋西洋三派。公所未聞。略而不言。從北到崆峒山。去數萬程。即西伯里亞之地。東入三韓馬韓辰韓弁韓。在遼東之外。隔極杳冥。遙遠也、惟有向東南之正龍入中國。皆從崑崙胎宗孕祖而來分三大幹。格最奇特。內兩大界、黃河九曲爲大腸。以中國全局論。河爲正。江爲旁。以長短形勢論。則江爲正。河爲纏也。長江屈曲入膀胱。其間分枝劈脈縱橫去。氣脈鉤連逢水則住。幹龍正結。多於一里數里外逢水而住。歷驗皆然。大爲都邑帝王州。小爲郡縣君公侯。其次偏方小鎭市。亦有富貴居其地。

此一節舉天下龍身大勢行止而言兩山之間必有水兩水之間必有山故觀水勢之源派即識龍身之起止而枝幹亦從此可分是以小溪澗之旁小幹龍所憩大江河之側大幹龍所休所在皆然崑崙居全地之中爲天下諸山之祖

大率行龍自有眞星峯磊落（高卓）是龍身（在於）高山須認星峯位（落到）平地龍行別有名（此句起下平龍兩節）峯以星名取其（象星）類（天之）星辰下照（在於）山（而）成形神龍兩字尋山脈（當知）神（氣）是（星）精（降）來龍（形）是（山之本）質（莫相混也）

山稟星氣而成形故以星象各名其體大幹傳變脫殺出洋謂之脫劫龍而平地龍又其本名也

莫道高山方有龍却來平地失眞蹤平地龍從高脈發高起星峯低落穴高山須認星峯位平地（則須）兩旁尋水勢兩水夾起是眞龍枝葉周圍中者

是（此平龍定法。）莫令山反枝葉散（山龍亦然。）山若反兮水散漫（必）外山百里（回轉）作羅城（小者數里亦是。）此是平洋龍局段（凡）星峯頓伏落平去外山隔水來相顧平中仰掌（形）似回窩隱隱微微（有）邱阜露（微高地陽中化陰。）便從邱阜（中又）覓回窩（陰又會陽。）或有（微起）勾夾（中間）如旋嬴勾夾是案（與砂）嬴（即）是穴水注明堂（則）聚氣多（平洋明堂。不宜太寬低田即水注。）四旁（低微）繞護如城郭水繞山環聚（氣於）一窠（照此看平地穴自不致誤。）

承上平地龍而言。此等脫殺出洋之龍。蹤迹隱微而尋龍認脈。祇求兩旁水勢。以驗其脈之行止。後九星中。於此等龍脈。無不備言。如八曜入坪皆有蹤。坪裏貪狼體一同等句。可見宜照此看法。

霜降水涸尋不見（平洋高低相彷。）春夏水高（則）龍脊現此是平洋看龍法（峽脈）過去（束細、）如絲或如綫（平洋必有束氣。方有結作。）高水一寸即是山低土一寸（即為）水回環水纏便是山纏像纏得眞龍（在中）如仰掌（穴結）窩心掌裏或乳頭（餘形皆有之。）端然有穴

昭（著平）天象（穴必隨龍出。昭明八種星象也。）水繞（外叉）山纏（結穴）在平坡遠有圍山（微高田地亦是。）近有

河（低田微界亦是。）祇愛山來抱身體不愛水反去從他（處平中微高卽爲山。）水抱應知山來

抱（出洋山穴。亦如此看。）水不抱兮山不到（故平洋認水爲要。上四句山陽皆同。開面相抱。抱愈多愈遠。則地愈大。）莫道

高山龍易識行到平洋失蹤迹（平中收細束氣。有如）藕斷絲連正好尋（剝換）退卸愈多

愈有力高龍多下低處藏（前後左右）、四沒神機（隱而不見。但看大勢。）便（可以）尋得（山上）祖宗父

母（至此已有）數程遙誤得時時師皆不識凡到平洋莫問（來山）蹤祇觀（兩）水繞（抱）是

眞龍唸得龍經無眼力萬卷珍藏也是空

此又承上而詳言之平龍隱約未易測識祇在大勢上推求水神屈曲

相隨邱阜重重起伏剝粗抽嫩化陰爲陽現出穴星不離種類秀砂環

繞吉水抱纏斯爲山水兼收之局神機顯然矣以上二段專言山龍出

洋之結非爲平洋說法蓋平洋則以水爲龍與此又不同也

垣局篇

北辰一星（帝星也）天中尊。上將上相（上將次將。上相次相。各有二星。）居四垣。（四隅也。若四隅立穴。則將相在四正矣。）天乙太乙（立帝星兩旁。向）明堂照。（品字）華蓋（六合）三台相後先。（於主龍身上爲侍衛。）此星萬里不得一。此龍不許時人識。識得之時不用傳。留與皇王鎭家國。（必俟大德之家。應運而得。實可遇而不可求也。）

天象星垣四。有帝座者三。中曰紫微。上曰太微。下曰天市。中爲天子寢宮。上爲布政之宮。下爲巡狩之宮。惟紫微垣局勢完美。太微天市垣次之。上地之結。必有垣局。故於九星之前。略舉其象以明之。又明堂四面衆山羅維。謂之羅城。若堂局寬大。外四山重疊。層層向內盤旋。四神八國。應位起峯。屹立雲霄。即成垣局。直龍正落。兩旁護龍回轉交會於前作直城。橫龍側落。先後護龍。前去之餘枝。其頭皆回轉。交會於水口作橫城朱子云。拱揖環抱無空缺。宛然自有一乾坤。此大地也。

請從垣外論九星。北斗星宮繫幾名。貪巨武三吉星兼輔弼。成五吉。與祿文廉破四凶星。在地中行。九星之中有三吉。三吉之餘有輔弼。不知吉凶星曜分應定錙銖。禍福之門教君識。

九星貪巨祿文廉武破輔弼。自貪至破爲北斗七星。而尊帝二星。又化爲輔弼佐佑北斗。斡旋元氣。是曰九星。形以貪巨武爲上。輔弼次之。五吉星也。祿文廉破。四凶星也。夫此九星五行。或爲起祖星。或爲行龍星。或爲結穴星。或爲夾從輔佐之星。或兼二。或兼三。或兼四。甚而到頭數程中。九星傳變。則大地不可名言。　高山須認星峯磊落。凡過峽起頂處。即爲退卸剝換。龍氣從此分。星體從此辨。山象性剛。眞氣必露於頭面。自出身至入首。眞龍之行度種類。處處相似。即五吉與四凶有兼帶剝換。或相間而行。而本來面目。常常發露。或現於龍身。或現於主星。確有不易之氣象。乳鉗等八穴。可以操劵預定。所謂星精觀龍上預定穴情狀也。又五吉必間四凶而後行。龍四凶必換五吉而後結穴。此尋龍大旨。大幹必抽嫩枝而後結。小枝接連跌斷而後結。幹龍過峽。必有扛護。枝龍初分峽。不能有護。後再過峽。及到頭結穴。則亦有護。若落洋小枝。爲正龍作水口。作用神者。雖無護送。但多斷則結。若腰長少斷。及斷不能到底者。决無結作。又貪武高大落穴。必剝換輔弼。巨不結高穴。惟四圍夾輔及朝案俱高方作高穴。且四凶剝換三吉。便結好地。剝出輔弼。亦能結地。總之不論何星。都要剝盡粗龍。尋出到頭細嫩形迹。則形勢既眞。尋穴自易易矣。切記。

貪狼木正形

以下變形

以下九星羅星

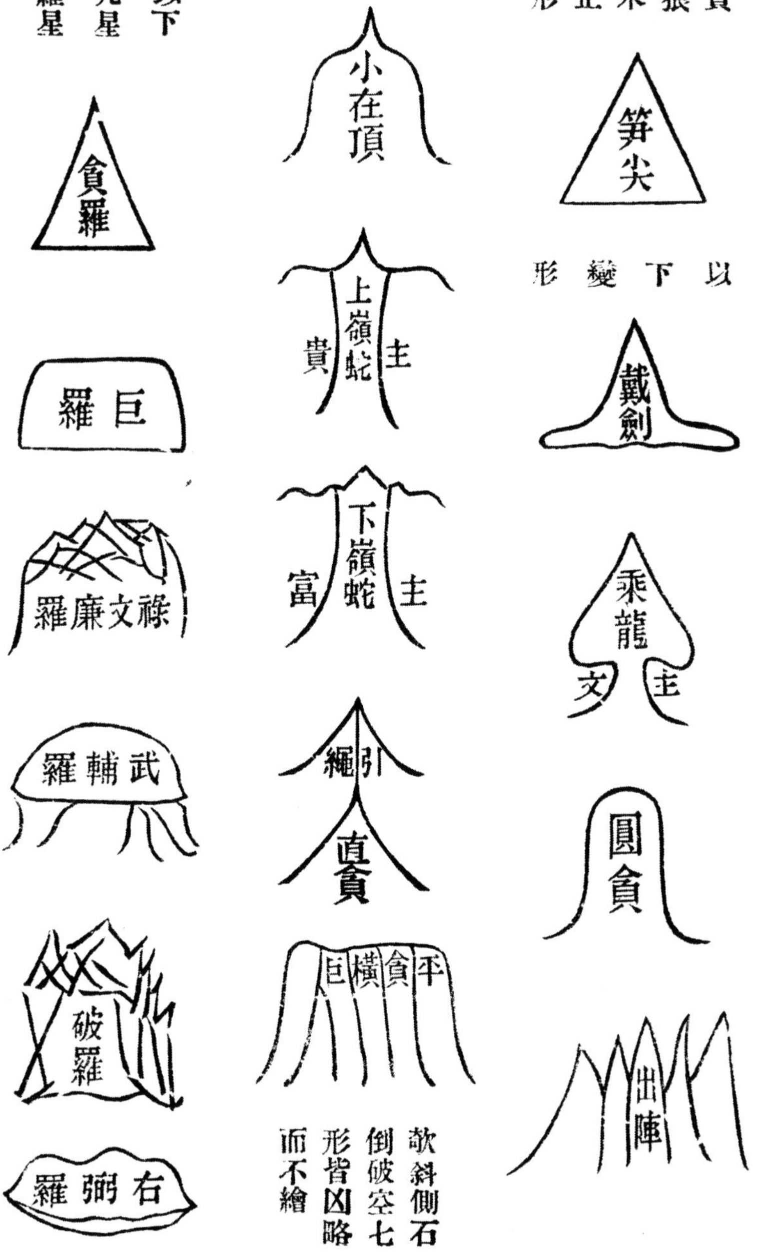

欹斜側石倒破空七形皆凶略而不繪

貪狼木（九星各圖。皆繪卷首。今分繪於諸星之前。以便隨時對觀。）

貪狼（正形）頓起筍生峯。若是（砂體）斜枝便不同。斜枝側項、爲破面。（正形）尖而有脚號乘龍。（主文。又尖貪）脚下橫拖爲戴劍。（主武。）文武功名從此辨。（若或）橫看是一排項側看是。（各成）峯。（側看之法。乃在橫直交互間。）此是貪狼出陣龍。側面成峯身直去。不是（爲他處山）作朝便不住。

貪狼止筍峯是正形。乘龍是貪出脈行龍。戴劍是貪開帳帶火脚斜枝與出陣。皆變體也。出陣貪撞背靠面幾峯聯貫。橫看祇一排尖項側看則各自成峯。此是爲他處貴龍作朝。亦有作龍身行度者。

莫來此（頓起）處認高峯。道是玄武也（坐山也。）在其中亦有高峯是玄武。玄武落處必四獸聚。（青龍白虎朱雀玄武也。）聚處方爲龍聚峯。（大地則左右前朝皆遠聚。若）四獸不顧祇成空。（不論何星。）空亡龍上莫求穴。縱然有穴易歇滅。（以龍身行度。氣不止也。）

或（守峽）爲關夾（砂亦）似（貪）龍形。（巨武龍亦有此。）正龍潛在夾中。行時師多向（此）夾龍覓。
不識眞龍斷續。（處。必好峯。護衛有）情。（斷續多。是貪狼眞骨氣。）
凡正龍轉關之結。星峯特起。然正龍出脚作關夾。亦能特起星峯。故關
夾起貪。不可誤認爲正龍也。
貪狼原有十二樣。尖、圓、平、直、小。爲上。欹、斜、側、石、倒、破、空。（諸星皆不宜如此。）禍福輕
重自不同。問君來此如何分。莫道貪狼一般形。欹是（落脈）崩崖破是拆。（裂）斜
是邊有（尖稜。而一）邊不明。側是面尖（斜而）身直去。（無引繩起伏。）空多巖窟（空洞。）石硐磳。（破碎
有煞。）倒是飛峯（側倒。）偏不正。七者皆非貪正形。（主凶。欹斜側倒主奸邪。拆與石主凶煞。空主僧道。他星亦然。）
平地卓然頓起笋。此是尖貪眞本領。圓無欹側四面同。平若臥蠶在高頂。
（入處細。出處闊。臥在岡上中心。微有曲動處。）直如峽脊引繩來。（引高峯直出化低峯。來處亦平。）小似筆頭插高
嶺。五者方爲貪正形。（主出長大英才。廉作祖。主狀元三公。）吉凶禍福要（從星峯辨）詳明。

平直二貪。形局本相似。但平尖短，故曰臥蠶。直出長。故曰引繩來。
火星燄起樓殿。即是廉貞位。生出貪狼由此。勢。亦生巨武祿文。以生貪為第一。若見火星動燄。
時。看他正脈蹤迹落何。地。廉出正脈。多偏左右一二頂。中出者少。此龍至貴不似。常。生出貪狼
別有。異。異於他星。火星位當是尾室翌鵲火星方位。若廉貞。起。其去勢遠。落處須尋一百。里。勿泥。中
途生有貪狼小小。峯。秀麗為貪。黑石嵯峨為廉。有時回顧火星。宮。世人衹道貪狼。好不識
廉貞是祖。宗。廉作祖。中出為正。左右出為兄弟龍。雖分嫡庶。但有出帳形。即皆是吉星。惟背後去為纏護砂。貪狼若非廉
作。祖。為官也不到三。公。遠祖山有廉即是。以好龍脫劫出洋。不皆近祖也。
高山腰下二字訛傳作頂上。貪狼頂上。無平如掌者。高貪出脈結穴。多在腰下。今正之。如掌。平。中分細脈似蛇。
形。貴龍正脈多是穿。心。出。富龍偏脈、衹從旁。上。生。高山一排、如帳後面。遮。三五七九峯不
等。帳裏微微脈下、如帶。斜。帶舞下來、微細秀嫩如鼠。尾。此是貪狼上嶺。蛇。其氣上歸龍身。
發福久。帶舞下來粗頑直長。如鶴伸。頸。此是貪狼下嶺。蛇。其氣下行。不歸龍身。發福暫。上嶺解

生朱紫客。出貴。下嶺當爲朽腐家。出富。歷驗皆符。凡依經尋地。莫不易見。學者須知。大山特跌小爲貴。小山忽起大爲勢。吉星皆宜然。而貪狼尤要。高低大小斷續行。此是貪狼眞骨氣。大抵九星有種類。祖山何星。中途與到頭。必生應星。生子生孫巧相似。相似遠者數百里相似。方知骨氣眞剝老換嫩。形若不眞皆不是。一剝一換從粗大生出秀細。從大生細最奇異。剝換退卸處見出眞龍。到頭小峰依舊貪狼。置剝換如人換衣裳。如蟬退殼蠶退筐。或從大山落低小。或從高峯落平陽。均不離祖氣。退卸剝換成幾段。十條九條亂了亂。中有一條卻是眞。若是眞時斷復斷。分出亂山回抱在面前。貪狼落穴必如此。不許一條出外邊。止有眞龍坐穴後。亂山在外卻爲纏。貪狼外纏。俱出本龍枝脚。此龍多從腰間落。回轉餘枝作城郭。纏護。城郭彎環向內。水口兩旁關山。生高卓捍門。門外塞氣之吉羅星、當腰。間鎭著。截水不使流。外又有幾關。最好。若中出大幹。則隔水外山爲纏護。上下環繞作城郭。穴後眞龍居中坐。

羅星（廉作祖方有羅。九星皆然。）要在羅城外。（外山回繞如城象。）此（羅星）與火星常作對。（羅為火餘奴。）故火星（為祖）龍、始有羅星。若是羅星不居（水口）內。居內名為抱養瘵（生出繼外姓。生入外入繼。）又為病眼墮胎山。（貪狼）羅星若生羅城口。城口皆（華表桿門）為玉笋班。（惟貪羅有此。自祖山分護龍。來作）羅城、（周圍無缺。）要如城牆勢。龍（穴）在城（之正）中、（獨收）聚眞氣。羅星若在城關間。時師喚作水口山。欲識羅星眞妙訣。一邊枕水一邊田（首逆上乃是眞羅。）田中有骨脈相連。或作頑石焦土堅。此是（祖山）火星有餘氣（城口）卓立為星在水邊貪巨羅星（巨）方與（貪）尖武曲輔弼（武）圓（輔）扁（弼）眠祿文廉貞（羅）多破碎。破軍（羅）欹裂最堪嫌。祇有尖圓方扁星。此是羅星得正形。忽然四面皆是水（黃河只一。長江五六。浙江口無數在鎭海江中。）兩山環合鬱然靑羅星亦自有種類（大龍星有變換。羅亦逐層變換。小龍只一羅便是。）細別星峯在水濱。

羅星外面又有關山。三關尤貴且大。羅星非專為一地而設。若鄉落小羅星。則必有專據之者。

正形

變形

巨門土

巨門尊星性。端。莊。纔離宗祖卽。高。昂。如屏。星峯自與衆星別。不。尖不圓其體。方。故巨星最貴。形高起定爲頓笏。樣。但是無脚生兩。旁。如此至貴星峯止一。二。不能多生。方岡之下。有小山護行。如驅羊方岡或如四角。帳。帳。中出脈微。飛。揚。飛揚要得中心。穿。帳。去帳上兩角隨身張。如刀劍形。正龍。枝葉不多關。夾。少。其關夾在枝龍。卻有枝山護衛隨身旁。皆是祿存。戴旗戴節來。擁。護。旌節之峯多。是。雙。祿起峯而少淨者。又巨出脈處。兩帳角有刀劍同。護。送。(巨兩角有破軍脚如刀劍不起峯者)。刀劍送後、前(脈中途、又起)。圓岡(岡下)離蹤斷處、(落坪)多。失。脈。(直如)抛梭(曲如)馬跡(中起微脊)蛛。絲。長。梭中自有(細脈)絲。不。斷。(峽若)蜂腰過去、(勢又)多。趨。蹌。(踴躍前起)。自是此星性。尊。貴。(遠近諸山)。護衞重重(外)來。聚。會。(故峽不受風)、每逢跌斷過去時。兩旁(或迎或送)。定有衣。冠。吏。(端莊秀麗)。衣冠之吏似(武曲)圓峯兩旁(又出)有脚。衞。眞。龍。(非眞武曲也)。若是(巨門)獨行無護衞。(此孤高淸淨局)。定作神祠佛道宮。(孤寒不發育也)。

破祿兩星。每爲巨門作護衞。故旌節馬旗刀劍衣冠吏皆破祿變體。

凡大幹行度起巨星處。此節句句皆符。閱歷自知。

平行(巨下如)穿珠(委曲)行數。里。忽然又作方眞起。方峯直出(其面)如橫。龕。(其上)背長頗類平尖。貪。(直出)平尖貪狼(橫看)如一。字。生在山頂如臥。蠶。(入脈細出較闊。微有曲動。下變)武曲(在於)橫身(下、卻)從中。出。(若變)貪狼(則橫龕下)直出如僧。參。(拜狀)。夾輔衞龍(兩旁)次第。轉。(故)眞龍在內左右。(有包)函。此(巨門)龍住處無。高。壟。間生窩穴(於腰下或落低坪。皆)隱(伏而)潭。潭。

幽深。又而獨在高山、護夾中。看穴落高岡。窩內、如高僧草菴。四圍若高來夾。輔前案朝迎亦高舞。案要兩頭有起止。卻作高穴、其下有兩脚。卻似人形。案在前、如按劍座在後、極端嚴似眞武之象。

直出巨門。與平尖貪狼形。局本一。但直頭下脈處屬貪狼。橫腰出脈即屬巨門。臥蠶橫身下。生武曲。即是巨門變生。其云貪狼直出如僧參則於平貪橫巨下。又變貪狼直出也。

此龍若行三十里。內起方峯三四而已。尊貴不多起峯。峯峯端正形方與。長。不肯欹斜失尊。體。若方峯上忽然生摺痕。此與廉貞寶殿堪同擬。只可作祖。剝換退卸。然後結穴。凡起星峯不。許。斜。吉星皆然。更嫌生脚照。他。家。無脚淨盡爲眞巨。若脚照他家。則本龍賤矣。端峯若生四面花假穴。花穴坐山龍虎。皆是形勢。端嚴令人羨慕。君要。細辨別。細察眞龍穿心直出向前。行。四向衛砂謾成龍虎。結。此鉗夾中花穴。此是武曲作間。爲巨門鉗夾。來。即其間氣來此偶生。

花穴。此花穴龍誤了多少人。定來此處說眞形。要識眞龍。自穿。心。而過。但看

花穴龍虎外之從龍。回頭護衛正龍。不曾停。住。護衛停。方結穴。九星皆如此看。

巨門結穴。總要四面外。護。皆停住。回。頭。穴前又氣止水。交。明堂團。聚。朝

案拜。舞。方結眞。穴。否則左右雖有龍虎。實以衛龍。非衛穴也。 又幹結

外護回頭。逐層漸遠漸高。毫無空缺。作大羅城。前後皆回。

尊星巨門自有尊星之軌轍。方正如屏必相位。而陳設。變生武曲行龍依然少鬼。劫。之山。

蓋緣兩旁多護龍羅。列。前起小公圓山。兩旁分枝脚處夾龍以行。不肯單行走於空。缺。

小公分脚處、亂生。小枝。枝葉雖多皆夾水。隨。又隨從之護龍亦自有。背。面。凡護皆然。

背後如壁而立、。面。平。夷平夷便是貼身護龍。位。此貴龍過之時、形勢最怪。異。兩旁之山。不

起雙旋雙節圓峯、祿之變。即高起馬。旗。破之變。威可畏。儀可象也。又若攢劍蟠龍諸護砂皆歸此。地。前後左右、

護衛纏繞如田狩打。圍。重重包裹外山。皆朝歸。至若生出武曲雖少闗。夾。而護送

山、總無容左右離。。穴前向明之堂、斷定無陡瀉。。如瀉宜築低案下有橫案重重拜。舞。低。又有橫岡平貪、兩肩帶圓爲覆巨、形略似武。曲。其貪尖武圓、覆巨方整不能。齊。三星分尖圓方整。處。向此辨別無。狐。疑。凡星有兼帶。均須辨明。識龍須識辨疑。處。識得眞龍是聖。師。小公者。巨門開帳分八字。中出一脈。下起小圓頂。即刀劍送後前圓岡也。圓峯馬旗。皆巨之護龍星。

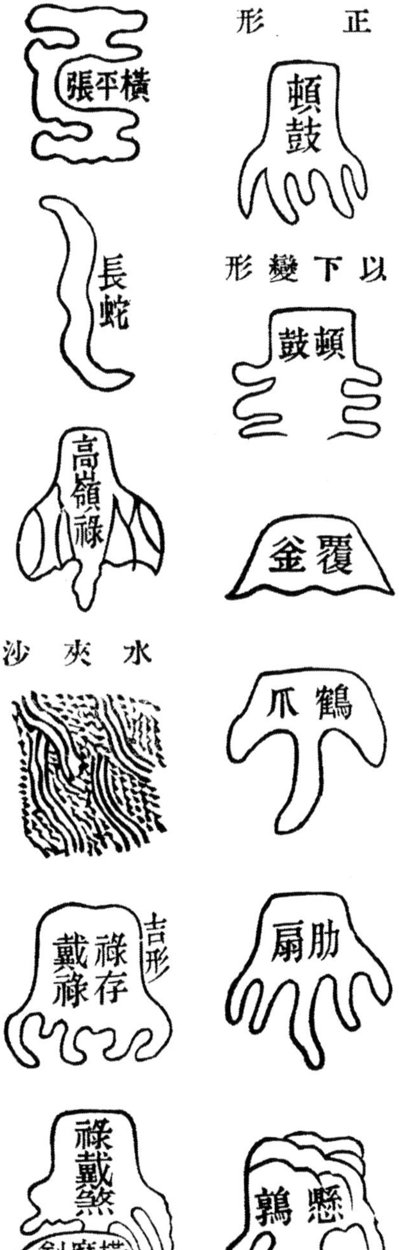

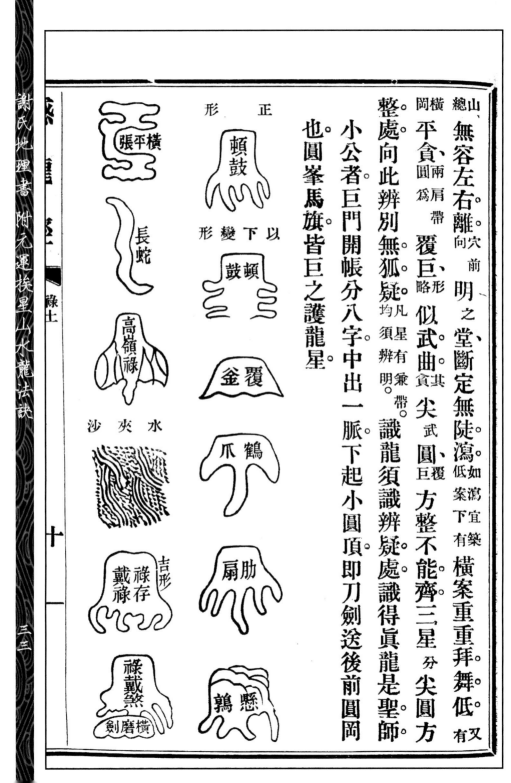

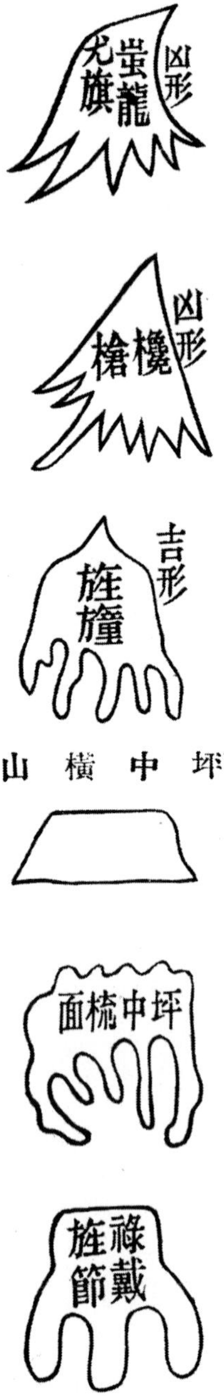

祿存土

祿存正形（身圓頂平）如頓。鼓。脚（上細下粗）如瓜瓠（微曲而臃腫。在）周圍。舉。瓜瓠前頭（盡處。）有。（圓頭）小峯。此是祿存戴。祿處。（主吉）小圓（峯下）帶祿（脚圓淨。）圍（繞）本（龍）身。（此為眞祿。）將相公侯出。方。虎。（方叔召虎。周宣王之將帥。若脚）大（開鉗）如螃蟹、小（脚紛亂如）蜘。蛛。此是祿存帶殺處。（主凶。至或）殺中若有橫磨。劍。（尖利橫排。但穴上不見。）此是殺星（化為權。主）先。出。武。（亦吉。）

大抵祿存之所以凶者。分脚亂行故也。若枝脚對。對。端正不亂。則化為吉矣。

大龍大峽遠來百程。路。此大吉龍。祖有寶殿龍樓層出無。數。忽逢此等祿存入紫微長。垣。

勢如萬乘田狩打圍、必結大貴。君莫。輕顧。痴師見之、偷眼從旁睥。睨。邪視。曉者遇此。默然無言。

常不。度。視也。若然尖脚亂如矛。此大凶龍。喚作蚩尤旗瓜。瓠。不拘順拖逆捲。皆凶。大抵星峯

嫌破。敗。諸星皆以不抱為凶。兩手不抱本身多。作。怪。端正龍身須。無。破。醜惡龍身多破。

敗。葬此怪形異穴、必主出凶。豪。殺戮平民終大。壞。草頭作亂因此。山。併自家亦赤族

誅夷、為償命。債。只緣龍上有脚反扯之欃。槍。形如賊旗倒側、而非旌。幢。旌幢必起圓墩。

對對雙排端正。立。出脚獨立欹側、即名欃。槍。

蚩尤旗欃槍。皆妖星名。祿存變體也。樓殿屬廉貞。祿之吉者。其始祖廉

貞。落入紫微長垣。結大貴地。不可輕指。若形怪穴異。則非吉兆。葬之出

盜。旌三五起墩。幢盡處起墩。祿存變體之吉。就出脚處看。

頓鼓身圓頂平。微方似武。曲。武曲身頂皆圓。端正下無。足。有足周圍眞祿。存。身頂圓淨、

無枝脚與破碎。方爲武曲尊。星。

此引武曲以形祿存。祿存身圓頂平。微似武曲。但武曲身頂皆圓淨。祿存則有足而身少淨也。

龍家最要仔細。辨。於祿存龍爲最。疑似亂眞處。須分清其背。面。背如輔弼則是、面多枝脚則非、豈是。眞。吉龍。此是祿存出脚、移轉。身。處耳。看明凸處是背凹是。面。則作穴於頂上有分金、下有過脈細如。綫。到頭生有毬簷。其穴方眞。凡看祿存星峯、須看轉。移。諸星皆然。生脚轉移之處。須要高起頂。使母山得顧。兒。凡祿存之枝分派別、皆有眞。種。均是分作瓜蔓、無定於東。西。若至十里百里無冏。嶺。落在平陽、只見沙磧渺茫失迹。若烟塵。迷。是平中眞祿。到此君須看水。勢。九星落坪皆然。

微小水勢、莫問是江。與。溪。祇要小水兩源、相夾。此平龍而出。水口交鎖外結、又見重重。圍。繞。順結回結。此中可尋。凡祿存好處落坪。中寬漫。處。其大作方州小作。縣。坪中時復亂石。生。又或起小橫山、或形如梳。面。此收氣入穴處、或如輔弼。形。變生輔弼則無枝、不同祿多。

辯。祿是帝車北斗第三星。也主爲文貴。也主掌兵權。由於頂上戴吉星言之。

土高起曰凸。土窪下曰凹。祿存周圍有足。九星之能翻身移轉者。皆祿存脚氣也。

九星行龍、作間作護作轉身。俱要祿。最喜貪巨武在祿夾束間。或是輔星左右起。此等貴龍下必成垣局。看之愛心如不足。若逢此星、須遠至寬平大曲之處。尋穴莫向高山尋踻促逼窄之地。若遇兼帶九星相夾束而行只分有足爲祿。與無足爲吉。試看燕雲嶺下、遠行出九關唐時有九關。中戴祿存上生三吉顏下成垣局。又高山祿存夾裏貪峯多尖秀主出仁君。惜後龍也有似武曲而破碎之高圓祿生出峻險之形、極巉巖主有凶禍。君看山須分星之種類休指多脚橫行之祿。作爲三。吉之正班祿破兩星兩星每相互見。形無數也有正形落低處也有高形上壟頭雜亂分行君居莫誤形在高嶺爲高形山頂上生祿存星生輔弼亦然。形在平陽雖起山卓立頂矮脚手亦橫平嶺上生形其平頂必正平地生形其枝脚亂。行。請君看我細排列。禍福皆從龍上生。兩句起下文。經中言祿必帶破。言破必帶祿。蓋祿多脚手。破多側裂。兩星常爲五吉作。間交相互見也。

第一祿存、身圓頂平。頓。鼓。踞。其立。脚手對對隨身去。平行有脚如劍。鋒。此脚帶破、又如旗節旛幢、皆是對對。次第。布。此等上吉。星峯出。近大。江。處。中有頂生小貪並小巨。又有輔弼時從左右轉處。生隔岸山河遠處皆。相。顧。此是神龍結局。作州縣。其勢。雄據十州、並成爲一。路。又忽然諸山圍繞作垣。局。則不止州縣矣。更求吉水翻身爲門。護。出水回頭。轉抱穴前下手。遠者在數十百里之外。若得出口吉水、翻身爲門。護。垣內必結最上吉地。外之自在吉水回跑中矣。萬水千山任其不停住。

吉水爲門護。近在數里。若遠帳。水雖數百里外亦有之。

第二祿存落穴如覆。釜。星體圓淨。兩旁脚尖如矛戟周。圍。舞有脚方爲眞祿。存。亦吉。無脚名爲祿推輔。尤吉。此星不是有威權。但白手成家爲富戶。而已。

第三祿存如鶴爪布兩短中長龍出露。出露定爲低小形。隱隱前行矮峯忽

蹲。踞。有穴必生鈫鉗爲龍虎。巧。若是媿露穴形下不生鈫鉗則龍不住。矣。

第四祿存身多摺、如肋扇類。脚手紛出、又似垂絲。勢此龍只好結神壇別有吉星

峯起。亦主秀。氣。

第五祿存如懸鶉。破衣樣。肩頂如破碎箕帚多摺痕而無情。此星便是行龍星。星平

生枝自項分。此龍直去只在坪中過。如橈棹回抱轉來橈短棹長。進般器。喻枝脚也。可以斬關。

做。若在高山大夾之內開三。門。連開三個堂。一門一穴三停。均。所謂腰間脊上有三停也。此穴正結者多。

側落旁結亦有之。

此等龍雖直出。腰脊上端有止結。名曰斬關。一名騎龍。

第六祿存落平陽。平中微起高脊。勢如鉅浪橫開。張。開張中能收斂回抱。即能結穴。他星亦有落

坪者此星平地亦（枝脚）飛揚脚擺時復生鉅石（水邊露石亦是）石色祇是黑與黃兩旁請看隨龍（水相）夾（水夾即有砂夾水之）長短大小宜細詳（兩旁）護龍轉時看他（正脈）落落處（又）當從水斟酌（水）右轉（則護）皆右不參差（水）左轉（則護）皆左無相駁（又有）朝迎（可以）指證穴眞形（穴之）左右高低（皆據證佐）君莫錯（誤至）祿存鬼形（枝葉紛多）如披髮雖曰（圓）突形（其枝）勢（分散）如掠（刼龍氣此鬼山無穴）

第七祿存如長蛇左右無護無闌遮此龍非是貴龍從枕在水中身橫斜（此等祿形在水口則關內無大地矣）

第八祿存在高嶺如戴兜鍪（軍帽身圓頂平旁落）有（山爲）肩嶺（形勢）漸低漸小作穴應定有（或正或側）窩鉗（形）必端正（或在軟肩弱頸中）此星號爲入貴龍捉穴眞時最昌盛（總要纏送多愈多則愈盛）

第九祿存（紛散）如落花片片段段水夾沙不作蛟潭（及）爲鬼穴定作（扁眠）羅星

於水口遮。不結地也。

天下山山有祿存。或凶或吉要君分。不能分。卽無以擇地。莫道祿存全不善。大爲將相公侯門。要知五嶽眞龍落。半是祿破相參錯。北岳太行頂上馬耳峯。在保定完縣西。祿存身上高起貪狼龍。極貴之龍。東岳山東泰山頂上有日觀。可望日出。上有月享高一半。頂上有燔柴祭天處。此是祿存上有貪如此星峯。至尊極貴、誰能判。觀此可知祿帶三吉。皆是頂上另起一峯。非如破軍化吉。只兼在本身也。海中洲渚間亦有山。君如論龍來脈應難言。不知地之脈絡聯中國。穿田渡水。遠出山形特起在海間。祿善出脚。破善拖尾。山遠出起峯。皆祿破化氣也。東出青齊爲東嶽。楊公以東岳爲中幹。今考東岳。實自旅順口渡海而來。、過盡河南平洋諸大江鑿。蓋以地絡連延總隨地形之大勢而。生。謂澗水止龍、結龍之止也。君莫錯。認行龍遇水卽駐也。崩洪大峽。能過大水。但過處有石露兩岸耳。我觀祿破滿天下。九等分星無識者。高山頂平。低處脚排。雖經剝換。不改此形。君如識得祿存化吉諸貴星。珍寶連城眞是無價之貴也。如祿帶三吉顏。能出帝王。祿上起貪狼。能出聖賢也。

大幹三條。條條各有帝王聖賢龍。如太行上起貪。出堯舜禹三代聖君。泰山上起貪。出孔子大聖。顏曾思孟亞聖。楊公於已出處略示一二。使人自悟。南幹亦有祿上起貪者。但運未至。公不指示耳。

今考驗土質石質。太山土石。與奉天性質相同。知自渡海而來。係北幹山脈。非中幹也。猶日本東北之富士耳山。有火噴出。與南洋島噴火無異。足徵日本山脈。自南洋來。非北海島來也。詳繹輿圖。知中國全局南有南洋繞至日本。北有蒙滿繞至山東。皆由崑崙發脈。前朝後抱。可知最大垣局。在國之中心點。

文曲水

文曲正形

變形

文曲正形蛇行象。若作淫邪如撒網。懶坦放肆之象。此星柔順少高情。又與生鱓形無兩。文作穴山之後宮。亦有高起屈曲者。問君如何生此山。此山定出廉貞下低落之絕體。間問君絕體如何諦。諦視也、本宮火星山上熄餘之敗絕氣。問君如何尋本宮。即在寶殿之下、發脈過渡初出龍。以後再起吉星。遠出始結穴也。認得廉貞下有此星初出面。看得生出何星細推辨。辨明再起何星。九星皆挾帶文曲而行。若無文曲低渡。則龍星無。變出之變星、更看何星為最多。多者為主、須分別其貴賤。看文曲生出之星。即貴賤可分。變出吉多則吉。變出凶多則凶。非單看穴星也。

文曲星柔最易。見。每遇旺方吉形呈露。定然生蛾眉峯從側。面。可見。側面旁看成峯而正身直。行。直出兩旁多枝脚紛亂。如絲雜。綫。粗細不勻。此星山骨少星。峯。若有星峯、則其吉與輔弼同。平地生出蛾眉卻爲。吉。若在高半嶺上成蛾眉最。得。力。即側面成峯者。若有此星正龍起頂。

兩旁有護。連接而。生。連生五六峯極吉。其吉應女作宮嬪后妃。職。柔星主女貴。男家則只因婦得高官。如尙公主則官高。又得資財併美。色。生女美。故婦亦美。凡起此吉星峯、兩旁護峯必有情自然夾護連接左右。生。不致風吹。故爲至貴。若文曲星無蛾眉峯、即爲鱓樣。此即死龍散漫、空作縱橫。之勢。縱然饒他住停處有穴形。只好作社稷神廟享受血食腥。若是作墳併建宅。祿破不變吉。主剛殺。文曲不變吉。主柔殺。女插花枝逐客行。男人破家因酒色。女人內亂公訟興。文曲若柔弱無峯。又不能藏風聚氣。雖作陽宅。亦有此凶。變出癆瘵鬼怪病。令人冷退絕人丁。

困龍平行數十里。忽然卓犖高大星峯。起。又左右前後諸峯。忽回抱逢。迎變出貪巨武輔諸吉。取次。第而生。此係上吉貴龍。只得小起一峯龍便。活。蛾眉小峯、也變輔弼。星。但此平

行（之龍、）雖去變輔。弼。郤是低平少威。力。（不能大顯。）若得（三吉）尊星生一。峯。也使（文曲）柔

星爲長。雄。（化尊星。故男貴。）男人端貌取科。第。（龍文曲。主女權。）女人主家權勝。翁。（此星總要變尊星。則）

（男大貴。但變蛾眉。雖護峯連接生。亦不過女貴。）

大抵尋龍、少（一星到底之純）全。格。（間亦有之。但少見。每見）雜出星峯多變。易。（覆釜）輔星（有脚）似祿、

（蛾眉）弼（低小）似。文。（而其龍身）長短、（星體）高低、（宜）細辨。識。（眞假。眞爲輔弼吉。假爲祿文凶。）莫道凶龍不可

裁。也有凶龍（化吉星能）起家。國。蓋緣（俗目）未識（行度中有）間星。龍。（如）貪中（間）有廉、文（中間）

有。弼。武有破軍間斷。生。祿存或（間）有武巨。力。（吉凶每間而行。）十里之中卓一。峯。小

者成大弱成。雄。此是龍家間星。法。大頓（起峯。）小伏（跌峽。）爲眞（龍之）蹤。（或高或低。）一山便

斷。爲。一。代。（高大星峯。可管兩代。從主山溯上。）看在何代生。間。龍。（吉凶同此看法。）便向此中定（貧賤）富。

貴。困弱（貧賤。）生旺（富貴。）隨。星。峯。（如）困弱之龍無氣力。（若同）死鱓烟包、（低）入沙礫。（之中。）

十里百里無（夾護）從山。獨自單行少收拾。（決無結作。）君如識得間星。龍。（則吉地方方有。）到

十六

處鄉村可尋覓。但矩近小龍、來路非久遠、則力氣不全。易盛易衰。非人力。能補救也。四凶常爲五吉作間。而文其尤著也。文曲吉凶。須從側面看。有峯則吉。無峯則凶。不論何龍。總宜吉多凶少。則吉藉凶以布勢。張牙凶亦藉吉以化煞爲權。主星吉。初代總吉。

廉貞正形

龍樓

寶殿

又有眠倒火星。粗巒巖石。亦有低昂起伏。看之亦微有焰。

廉貞火

廉貞獨火形峻偉。勢猛烈威發揚、最高。大。高山頂上石嵯。峨。粗巒。傘摺犁頭之形。均似裂絲。破。祇緣燄起若高聳於天庭。其性向上炎炎號火星。造作龍樓尖峯。併寶。殿。平峯。貪巨武輔吉星因此。廉作祖而生。古人深識廉貞體。高大。便作紅旗尖併形、曜氣(飛揚為比)擬此星威(勢猛)烈屬陽精(必有)高燄赤黑之峯頭起。(可以俯視諸山。首節言廉貞起祖之形勢。)

九星廉為火。九龍廉作祖。勢高大莫比。故曰獨火。紅旗高大軍中建。此以統攝士卒。其勢飛揚。廉體似之。

高尖是樓平是殿。請君來此細推辨。(辨其面向何處。以認大宗所去。)高山頂上(或臥或立。種種)亂石間。此處(起華蓋三台及圍繞石峯。皆面相向。)名為聚。講山聚講既成、即(中幹與旁枝)分去(皆是)分宗拜祖、(各去)迢迢路。尋(上穿心為)宗、尋(下正出為)嫡、更尋(遠出者為)兒(廉無落脈處即結者。)龍行遠去最堪疑。郤來此(高峯)處、(看明)橫生嶂(開面出脈。)形如帳幕開張樣。(看其)一重入帳(即)一重出。(接連)四重五重、(勢來)如鉅浪(此即大宗出處。)帳中有(脈如)線穿心行。(若開)帳不穿心(出便。)不入。(貴龍)相帳幕多時貴亦多。一重(即是庶出餘枝。)祇是富豪樣。(能開)兩帳兩幕、便是貴龍。(龍如曲轉。坐入)帳裏、(特起)貴人(星峯)最為上。(格。龍。直落坐帳下亦是。)帳中(貴人腰下。)隱隱(如)仙帶。

飛。下。脈象若帶舞低垂、其結穴定主興。旺。且帳在頂上。其左有天關、右有地軸、分列兩邊。逢迎。遠隔數峯。必生異石如龜如蛇、在於過脈旁處端拱停。歇。即護龍出脈之星。大貴龍有此。須登臨方見。此節言廉貞出脈之特異。講如師弟聚講。脈正出爲嫡遠去者皆是兒。開帳之下。或直落或曲轉。靠帳再起峯爲最。故曰貴人。又星辰中尖者。爲樓中貴人。最貴但廉貞撞背而中項出脈者少。偏過左右一二項。開面出脈者多。又行度處星峯護衛曰行講。歸結處星峯拱揖曰坐講。祖山有星峯環向曰聚講。共成爲三講。

高山頂上有池。浸漬。兩池夾起眞龍。過脈位。問君高山何生水。水是眞龍樓上之旺氣。或注或流。皆旺氣所鍾。眞龍卻從雙池中。去。力重。穿田過峽。亦有此池。也有單池一旁。據。力輕。亦有脈從單池中心過者。單池終不及雙。池。池若忽而傾崩、龍氣竭也。禍反。寓。池平兩水、不傾不溢。夾護又淸。此處高池、名爲天漢。星。天漢中之天潢星、深入閣。道。此星入龍格相、高若居天庭。天潢閣道天庭。皆天上星名。更有衛龍之水在高頂。當頂一池不涸。又有水貼龍身、入於高處深井。水從地孔灌下。更無水出之處可追尋或山腰有蒙泉出。形同於小鏡影。清潔常流。亦眞龍旺氣。

此節言廉貞出身。必有水陰。悉徵貴氣。

水爲山之血。氣洩則池傾水瀉。氣凝則池平水積。天庭爲帝座。天潢在漢中。主河梁濟渡。龍過池中。象之閣道。在漢爲休息之宮。故曰天潢入閣道。樓殿之上。或池或井。或腰出蒙泉。皆衛龍水也。但井深水不出流。蒙泉則微小長流。源泉湧出。澄清若鏡。則是氣旺流露。易曰山下出泉蒙。楊公蓋取此義也。

看他辭樓並下殿。出帳下、又聳起何星形見。帳下應星、生出貪巨武輔。別有其龍性此是分枝劈脈。之驗。證。從廉祖宗分子分兄弟來此。第一是分貪狼。可試眞髓分貪之處莫令。稍有差差謬一毫、則迴殊千里。即似貪非貪之形。或變貪諸形。箏尖正形貪狼、從此。樓殿出。或出鍾釜枕梭、則爲武輔。弼。若出方峯最貴。是爲巨門程最要來分處。辨明嫡庶。行。踪分嫡庶、苟能不失出帳。形便是龍家五吉星。均能結地。此節言廉貞變生吉星。分定嫡庶。

出帳後再起吉星爲應星。如貪巨武輔弼也。分別兄弟。辨明嫡庶。看龍要法。嫡者正脈。庶者旁脈。即兄弟之謂。此就廉貞分龍言。不失出帳形方能以五吉等星相應也。

廉貞惡態實是振威靈。眞是龍家陰陽火裏精。此火精龍、多向南方。落。向、猶自也。南落是火位。東落木生火。向東落亦好。對面北上衆山皆驚駭錯愕。以其威可畏也。低頭斂衽出朝。南方來。層繞拱向。不敢別向他方妄。朝。致稍有參。錯。且凡起廉貞星峯皆有石。若是土山、雖高起而無力。

廉貞名爲獨火、莫與比、京。氣。燄若衡天高處石骨稜磳、開帳平面處、方可尋出脈。

此節言廉之氣燄特別尊嚴而萬山自朝。

廉貞若不生吉星峯。其勢高大。定隔江河作遠山應。龍。朝迎眞龍必遙應數百里。之外。

遠望則有情。如鼓角之有聲蓼蓼。相應也。

此節言廉不變吉星雖作應龍亦特別高遠有情。

凡見廉貞高聳石便上頂頭看遠去龍迹細認眞龍此處生必在華蓋穿心中是。正龍出處。此龍最貴他處難尋覓凡生五吉俱要從華蓋出此等眞龍不易逢。華蓋三峯品字立蓋直出之龍品字兩肩分作兩貴龍若是橫龍起廉。只去一邊分出是貴龍。此是兄弟同祖宗分出兄弟便爲護龍去若橫去餘山。亦是爲護於後。前迎後送與正龍迭分雌雄雌若爲龍雄作應雄若爲龍雌聽命必來朝迎作護。問君如何別雌雄高低肥瘠卻不同低肥爲雌雄高瘠只來此處看明。自然識龍之眞蹤矣。此節言廉貞出脈後行度。亦有一定之法。

按直龍是華蓋穿心出橫龍則開帳中心出且直出結穴必遠橫出結穴較近爲龍作應亦逐段互有變換猶一頓一伏愈變換愈有力惟短

近小龍。雌雄既定不能變換。一有變換。亦是好龍。

眞龍身上有（高起）正。峯。（頓伏移換處。又）時作星峯（以回）拜祖宗。既看（他旁）護（與後）送、（皆是）從（正）龍。降。（到頭）又有（左右）龍虎、與（面前）迎。龍。（且四面之）隨龍山水、皆。（回頭）朝。揖。（眞龍自住矣。則）來此尋穴、（明明）有蹤。迹。（可憑。尚奚疑乎。結穴之後。）水口（必）重重生異石。（或生明堂左右間。名曰禽星。水口之外。）定有羅星（塞口）當水。立。（且在）羅星外面、（必更）有（外來）關。山（而此羅星首向）上生、（尾拖）下生（者。方是眞。故當）細（認以）尋。覓。蓋緣羅星（之生）有。眞假。眞假（生於）天然、非人。力。（能爲。）羅星（眞者。）傍水便生。石。羅星（尖圓俱貴。若巨門羅形體）端方、（定主）最高職。

此節言廉貞發脈。到頭化吉。及結穴後有諸證。左時作星峯。剝換起峯也。水口異石。或鉅石。或石版、或土戴石。形如龜鱉。如禽魚。生在水口下。脫離兩岸者爲貴。或在明堂左右。爲禽星。謂能輔朱雀也。

廉貞多生（回頭）顧祖龍。祖宗遙遠是朝峯。更看（背後）鬼脚（即拓龍山。）回轉。處。護拓須生數十重。極言愈多愈好。迗龍之山短在後拓山在後。即護身脚托龍轉身者。不抱左右手纏山纏過龍虎前三重五重福緜延纏多不許山外走下手山均要回頭。開面向穴。那堪一山反去。長遠直到作水口護迗拓龍若十全富貴雙全眞罕有尋龍千萬看外來纏山一重纏是一重關關門若有十重鎖定有王侯居其間。在大寬平處。

此與下節言廉作祖到頭必結大貴地。

廉貞已具言於貪狼內更述此篇爲詳載有人曉得紅旗星遠出主吉。主有威權、近不變吉星。即爲凶怪。廉爲權星作祖。斬破得自由不統兵權不肯休若遇廉貞不起石脚下也須生石壁石壁是背面土平平處尋龍出五吉蹤迹貪巨武輔弼星行五吉連生者最貴。出身生應星處、看何星是眞形接連剝龍換骨若有幾段此是公侯將相庭。

此節言貴兼文武權星稱紅旗。故主統兵權。

紅旗曜氣儼然威靈在。愚妄時師駭異為妖怪。星權出脈遠行。威福若自專。不化。雖遠行已脫煞。縱入文階亦兼主武。權。廉貞或未遠。能若一變貪巨武。文武全才登宰輔。三吉全變尤吉。
廉貞出脈即結。不作變換、吉星。縱有穴形可觀。必主子臣亂倫損君父。大凶之穴。
此言貞廉化吉才兼文武。不化吉則凶。詳繹九星各章。楊公立言。逐節皆有次第。廉貞爲九星之祖。自起祖漸至到頭。併說到文武官階及吉凶分應。公意注重此星。序次倍覺詳明。讀者玩之。

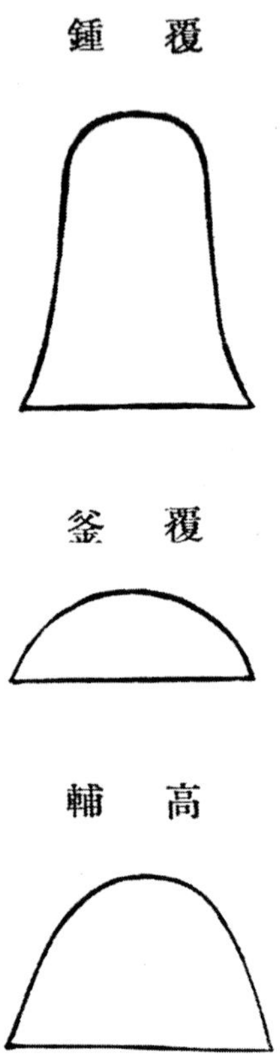

武曲到頭作主山。兩肩亦開帳爲護龍。

武曲金

武曲左輔如覆鍾釜。鍾釜兩般當分剖。鍾高釜矮事不同。高則爲武矮爲。

輔。二者雖然皆吉星。。金（高）土（矮）不容有差誤。。武曲（高圓）端嚴富貴牢輔弼（雖吉。）

隨龍（力）厚薄（所）與（又凡）貴龍若行五六程。臨落之時（必）剝（換）輔星（輔低小形、）如梭

如印如列月。（落低坪處。亦有在平岡者。）三三兩兩牽連（而）行。前關（山、）後夾（砂、兩）來相拱夾

若多時龍猛勇。（故疊起小輔星。）剝到輔星三四重。仔細來此認龍。（穴之）蹤貪武（皆高。）若

無輔弼。落高嶺如何住得龍。輔弼雖然是入穴（星。）作穴（則各）隨（主星）龍又不同。

穴隨（貪武）龍星（分）作鉗。乳。（其）形神（局氣）大小（不同處。亦）隨龍。蹤（而異。未可執一以論其形也。）

左輔常近武曲。故分別之。弼又與輔相親。故亦帶說。隨龍厚薄與。兼形

氣而言。貪落穴作乳。武落穴則鉗也。

破軍正形

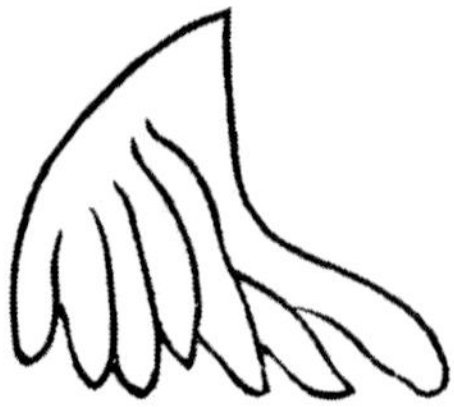

破軍祖

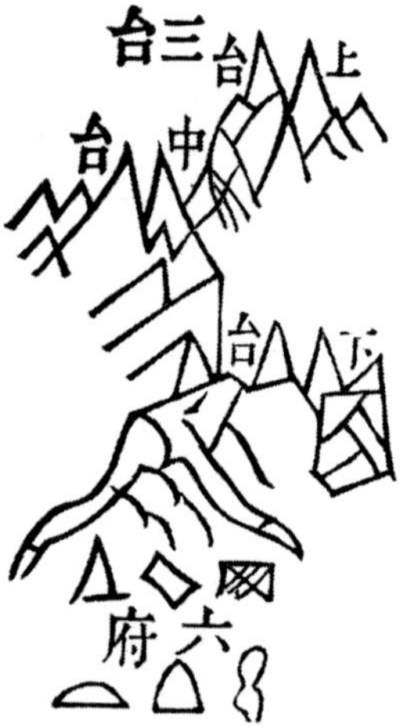

以下變形

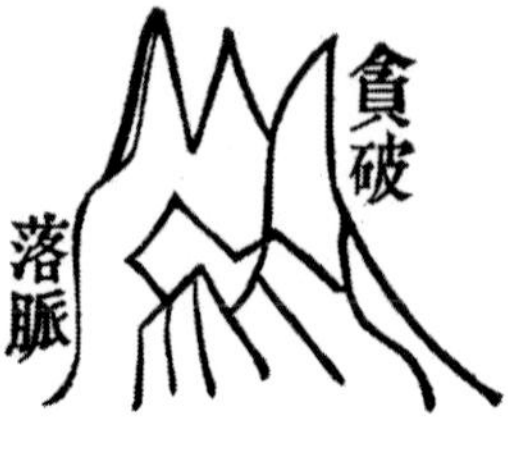

巨破

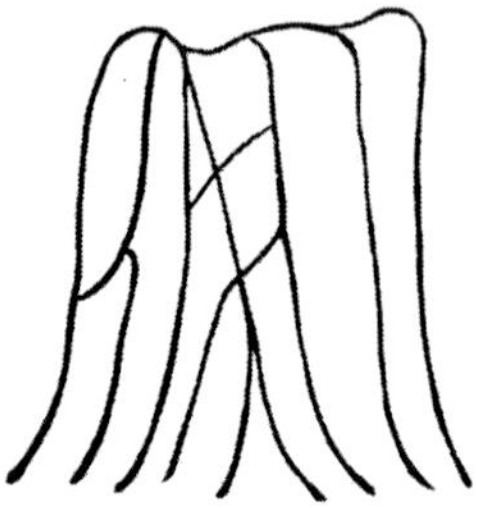

祿破

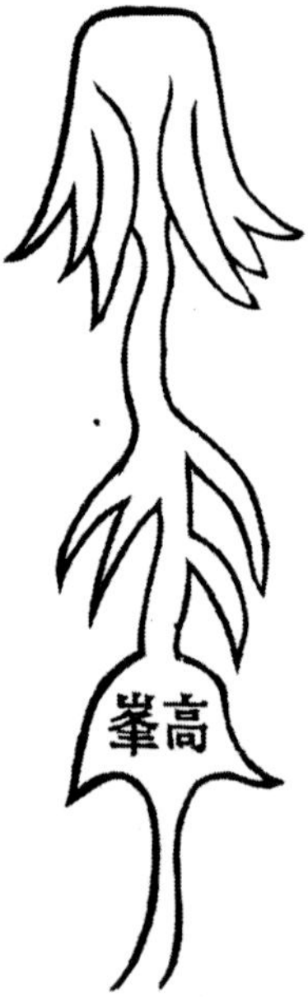

文曲不起峯。非破軍所兼。

廉破

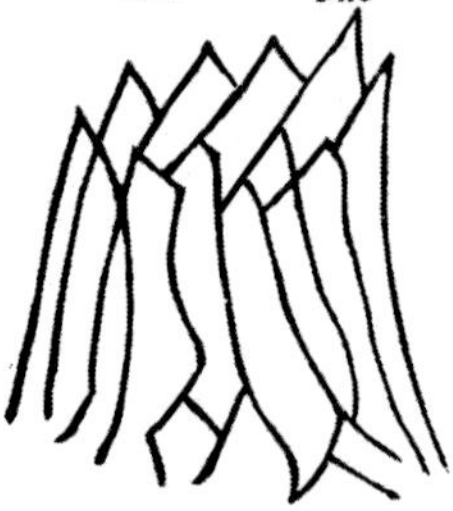

武破

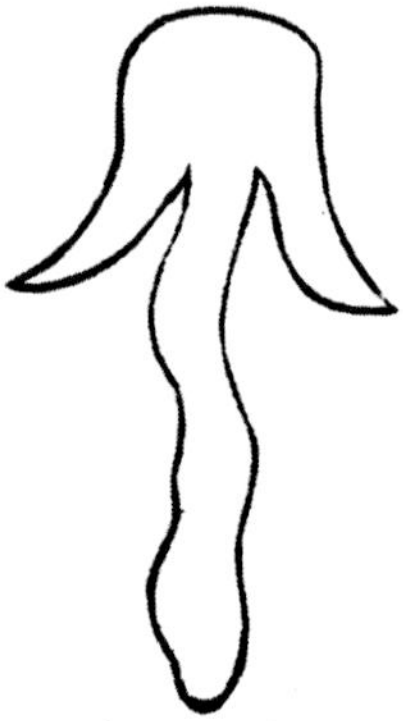

輔破

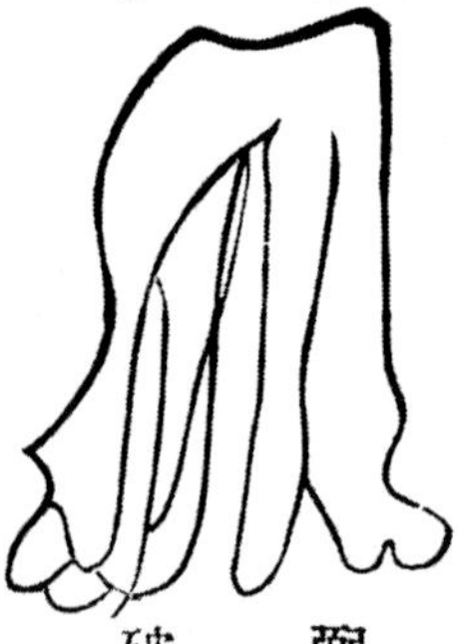

弼破

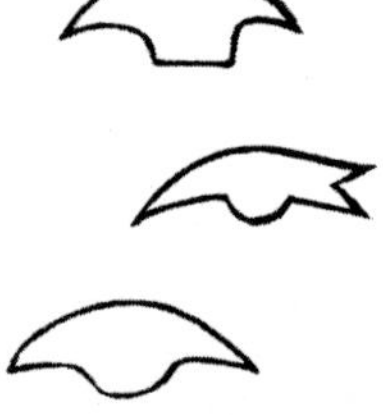

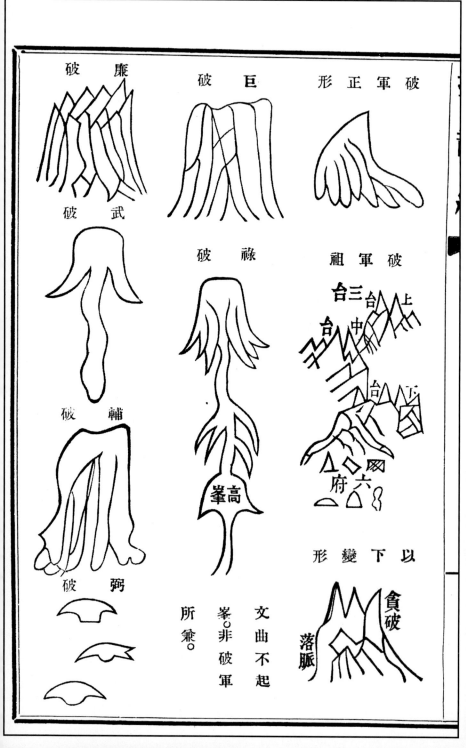

破軍金

破軍星峯如走旗。前頭高卓尾後高。兩旁失險(峭壁欹削)。落坑陷。壁立側裂形傾欹。不知此星(之上)出六。府(府以)上(又)有三台遠爲祖。(台下)然後生出六曜。星貪巨祿文兼武輔。(六星單串而行。相去近。上之)三台星峯(在天)號三。階六星兩兩(雙排。如同)魚目。挨。(雙排相去遠。小峯)雙尖(或皆)雙圓如貪武卻在絕頂(之上)。雙安排(此星氣魄極大)。雙尖(三台)。定出貪狼去。(或雙)方(雙)圓(下必)生出巨武來。(從此)上台中台下台出(下又)行到(單串)六府。(名爲)文昌臺文昌(臺中生出)。六星如偃月(低小)穿排六星(圓圜)如環玦平頂上頭生(此小)六星。(分)六處爲堆作凹凸(形狀)。凹中微起似六星(作祖下又)生出九星(依次)若排列(不亂。是爲九星傳徧。其地之大。不可名言。)

文昌臺頂平如仰掌形。轉如環玦。環間微起六堆。似乎六星有影而不顯也。三台六府均在走旗龍上。乃破軍凶中吉曜。能生九星以行龍若排列言不失次第也。破軍之上有六府。猶廉貞之上有寶殿。六府之上有三台。猶寶殿之上有龍樓。此祖至貴。有六府無三台。有寶殿無龍樓。作祖亦貴。然走旗龍有三台六府者。爲起祖之星。無三台六府者。爲行龍之星。有者龍力極大。無者龍力亦輕。宜別之。

破軍皆受九星(指)麾。(破於脫卸處。看傳變脈迹。猶祿於剝換處。看變化形模。皆能變九星化吉星。)逐位生峯形象。(各)奇。(異也。)山形在地(生成)不可移。星氣下感、(憑有德而)福祿依。(每遇)尊星頓起、(即是)眞氣。了。(分去)枝葉皆是破祿隨。尊星雖云有三。吉。(貪巨武。)三吉之餘有輔。弼。(爲次吉。殊)不知(純淨)三吉不常生。(多是破祿兼戴。)百處觀來無一。實。(實淨吉。即大地。)蓋緣不識破軍(身上。)(每兼吉)星。只說(是)走旗拖尾出。走旗拖尾(原)是(破之)正。形。若出(三吉)尊星、形(即)變。生。(矣。)與君細論破軍體。逐一隨星種類。名。(兩句起下文。)

貪狼破軍如頓。旗。一層一級(而上。)名天。梯。(層級)頂尖(是貪之氣。)衝前有巖穴。(是破之體。逐層)

伸頸仰高。猶如雞作啼。高頂盡頭有帶脈低下巖去引到平處、細微如蛛絲渡峽欲斷不斷、形若馬蹄曲過脈迹東西隱顯、細若梭中絲變生三吉之星總如此此處名爲破軍與吉星相離附麗也。過坪過水皆如是之形。定有衛龍泉塘兩夾隨亦有峽前一池居中者。下若貪狼破軍、再變巨門去。則其去入垣中、必結大地斷無疑矣。

泉塘夾龍之水破變吉過峽皆有兩水緊夾

巨門破軍如破櫃。身方頂平。是巨之氣。身形臃腫摧崩勢。是破之體。前頭走出、抵長而頭起。如雞伸頸嶺上垂下、尖長如象鼻。前後高一低其山腳不尖作穴乳頭者、乃出富貴。亦要看坐山端正。纏護重重方貴。

祿存破軍頂平布。是祿之氣。兩脇蛇形肋微露。是破之體。前如大木倒懸於山崖獨幹破之性、生枝葉無數。祿之性。葉中生出嫩枝條又作小高峯下坪去當知有護來。則爲穴亦不遠。即在坪中。若護送不來、則爲神字所佔據而已。

廉貞破軍形崔巍。高大。是廉之氣。水流關夾其間。聲如雷。是破之體。必遠出化吉星。方結。

武曲破軍如十字體。兼前後看。頂上微圓、武之氣。欹側起。破之體。背後來脈。勢如啄木之鳥

上高枝直上高巖垂脈束咽。即露出石嶙此星前面出龍、如鼎三足。舉脚下爪甲巉巖若雞距。爪甲也。此龍護多。富貴生王侯。護少則力輕。五換六移、多剝吉星。出宰輔。總要三吉星兼破軍。俱貴。

輔星破軍平頂如幞頭。是輔之氣。兩旁有脚如拋毬。是破之體。圓墩重疊。高低、下來。要護多亦結好穴。可與弼星參看。

弼星破軍如鯉躍。起蓋。行到坪中一時微小卓立。連三三兩兩坪中行。是弼之氣。直出身來橫布。尖脚。是破之體。或爲神爲廟或爲富貴。祇看纏護多少。細斟酌。看明纏多便是富貴龍。纏少祇爲鐘鼓閣。破不兼文。文曲不能起峯。即在破軍間作過渡。

九星皆有破祿文。兼戴三吉之餘、惟以輔弼爲尊。平行穿珠、小圓祿作間者。即變巨門。祿。

主吉。關棹尖拖作正龍護身脚者即是破軍。主凶。上面先起尊星。則吉星之下、到頭結穴無不吉。若關棹出脈。則凶星之下尖脚作穴。是凶所存。況是尖出凶龍不爲穴。祇是在旁間間引龍脈過身。縱然有穴必是假。假穴如何保久存。時師卻來尖脚護砂尋龍穴。來此拖關夾內、認低蹲。處作假穴。便妄指龍身纏護尖脚爲聚氣。不知正脈遠秀、行去在他村。結穴。便說此穴朝山朝水好、此等外朝亦護正龍。若誤下了穴。則致凶事自入門。祇緣師愚、不識上有眞龍出。脈。則行至前面、必出有尊星。形體性情。必似其祖。一起尊星、即能活了死龍骨換去了破軍廉祿。文且上有尊星出。雖係破軍到頭。忽然橫開帳。帳裏作成戈旗穴形。亦主出生旺。以祖貴即穴貴也。此龍勢雄。出穴必作將軍大坐形。多高穴。脚下尖。前面橫遇溪流、作爲甲杖。樣。此即吉星之下無不吉也。龍之行度吉。必問凶。凶龍到結穴。凶必換吉。不論何龍。要如此看。惟破軍龍。有時直爲正龍。入首起峯。開帳。出脈結穴。蓋其祖山係尊星出脈。所謂吉星之下無不吉也。

破祿形象最爲多。枝脚紛蔓態度拖延、氣少沖和。此句總言破祿。不爲尖刀即劍戟。此破軍之性。不作蛇行即擲梭。此祿存之性。且破軍作祖而出。眞係吉龍。行到逢有六秀方位上。即前言文昌六府。以上復與六氣高橫於天河。即前言三台六星。有此雙排三台之六氣、又變而爲文昌臺單串之六秀。破雖凶星、到此吉位。其氣亦消磨。凶氣消磨自然生吉氣。及至到頭。定有星峯落勢。卻如鉅浪。生波。逐層脫卸。化老爲嫩。剝粗爲細。以結好地。此是神仙尋地、絕妙之法。不比尋常格地之羅。盤難憑。實據也。

與君略論全地大形勢。遙望江山滿八際。天下江山幾萬里。我見破軍到處是。祿存文曲輔弼位低小山形總相類。祇有高山破軍形象殊。略舉大綱與君議。崑崙左出山脚出闐顏。青海。隻隻都是破軍山聯綿走出瀚海北。即內蒙古。凶氣陰人。風俗強悍人凶頑。凡破軍多見處。風俗類皆如此。故正峯多則正。秀峯多則秀。斜峯多則邪。柔龍散漫則淫。山川應陰。不爽絲毫。擇地可不愼乎。生兒三歲學騎射。骨硬剛方是此間。其尖峯太多。亦成濁氣。由來隴右陝之極西處。尖山如削盡是貪峯俱高卓此處如何不出文祇爲峯多反成濁山鄉尖峯太多亦然。高山大龍峯多尖不似平原一錐卓卻主秀氣。行行退卻至於大散關鳳翔府寶鷄縣。亦極西南。百二山河形勝之區。在彼間山水大纒大護、東行到函谷。澠川之水出口入黃河如玦之環。以下低平漸漸出河南之西熊耳。山。下卽千里平陽漸如砥。之平。河南大梁形勢亦無山到此尋龍何處是。識得星峯是等閒。平處尋龍最是難。若無江流與淮水開封之南。小河十數。皆西北至東南。會淮入海。渺渺茫茫不見山。河流衝決山斷絕。有山脈過。必有石骨。無骨卽無脈矣。又無石骨又無脈。君如到此說星峯。一句不容三寸舌。黃河在北大江南。兩水夾行勢不絕。此係楊公未經考驗。一時偶誤。今考東岳山脈。由奉天到旅。順渡渤海峽。連生小島十二。又起登州之山。向西南行數百里起泰山。新學家試驗此山。石質土質。悉與奉天相同。確係北條山脈逆轉翻身。渡過山東兗州。故鍾靈秀。毓聖賢。力量極大。公謂中條之山勢。到此不絕。實是北條之山脈也。行到青齊忽起峯。兗州東嶽插天雄。分枝劈脈鍾靈秀。聖賢多在魯邦中。其中條陝西。北條山西直隸。皆中國西北。自古聖賢英雄

出西北。西北神龍少人識。山西紫微垣局堯舜禹三朝。陝西太微宮。周秦漢唐。直隸天市天
苑。近數朝都此。在太行。山之東。惟有南龍高枝過自蔥。嶺。在崑崙之西。與黑鐵二高山皆是雪峯。
景。北面分出秦川及漢。川。山轉南行。則有五嶺分星、五嶺。當指川西藏東之五山。若註廣東大庾等五嶺。何能入兩
廣桂連。姑正之以待識者。五嶺。雲嶺山為正。西護以雪山與他念他翁山。東護以大雪山與素龍山。即川西藏東橫斷山脈也。中脈自雲嶺入
兩廣桂連州。中途山行雲貴之間。有斷而脈不。斷。直轉至江陰江之南岸。面向陰處。大按舊海字訛、作
曲。曲。轉之邊。此為正結。又分枝轉入浙江海門之南。旺氣上連閩。至於越。南水曹浙兩江夾護至越口
相交。接。此是海門以南正脈。落。貨財文武多地相交。錯。正脈當知何處是貪出。又何
處。文。曲為後宮。何處認辨武曲。為尊。星。即南龍之盡頭也。尋龍須望氣、宜先尋。高脈。雲霧
多生是龍。脊。春夏之交與二。分。夜半後望雲霧生處。覓。雲霧先生絕高。嶺。龍
樓寶殿作祖山。以此為。準。但是大脊巍巍處。每有雲霧生。雲霧山極多、反難診。視。先
尋雲霧欲以識正龍。卻是高大枝龍雲亦遠相引。故雲霧山中。必辨孰正孰旁也。此是神仙尋地。

法雖百里羅城不爲迴遠也知此然後可論九星要識九星各觀吉凶星之正形

因就三吉正龍行脚處分前破祿兼戴之氣故當認取破祿是吉龍間星全國大勢未閱不過依經解義

中國龍身分三大幹中以江河兩大水爲界闐於闐西域國名瀚海北

沙漠也大散關在今寶雞縣百二山河長安之地天苑星主天子牧養

之囿與藩垣近似葱嶺在崑崙西五嶺即川西橫嶺五條

天下山山有破祿破祿交橫爲地之轉軸祿存無小圓祿脚祇爲關破軍不破

凶爲吉星祇爲闌關闌之山作大地水口必有羅星在其間大河之中有石山砥柱

據在山西平陸縣四川之口生石山如筍簇立於灧澦在瞿塘上口江中大姑小姑二山卓立如削先後彭

蠡湖之前先小姑在江中後大姑在湖前關闌湖北至鎮江府又有採石金山二山亦在江中作爲門護更有低小

焦山亦在鎮江係羅殺石一名羅漢石雖是羅星小又無關門不固觀羅星關局黃河遠不及大江江南垣局

自是最好此是大尋羅星法識者便知愚未悟吾若論及破軍星多是枝拖尾爲引

龍兼在正龍隔水兩旁作護龍也大龍隨護要大破軍若小龍之護則必夾亂破祿文廉
貞多是引龍出脈祖輔弼二星則隨龍吉凶因以富貴分且廉貞若高而龍不出脈則
祇是爲朝應兼爲關門請君看此州縣關何處不生水口山水口好關闌
皆破祿無脚而交牙如疊環或作橫山塞口若臥虎護大而有力得一已足或作重重
回抱、如瓜瓠小者以多爲貴禹鑿陝東龍門山以透大河便是當時關水處太行走入河
中府今河內濟源縣河北河南關兩所觀此數句凡出陽關山在有力不在重重也大河自套北來曲轉而
射東西山即雷首又名首陽在水旁如眠龍馬鞍山在通州南十五里舊訛馬耳枕大江口絕
無一枝爲袖手靈壁山來截五河靈壁縣在淮北其處有五河更無一脚如橫戈上言水口
山多是橫關海門龕赭二山鎖東西二浙兩山相合如環玦實爲浙東之大關鍵觀水勢抱東南可知（下
增兩句外有舟山羣島集關闌浙水洶無匹諸海口所不及補經所未言）祿廉生脚鎖錙
流橫在水中爲兩截大關大鎖交結貴定有羅星橫截氣截住江河不許

流。關內正結之外。不知多少。地。小羅小鎖及小關。一州一縣須有闌。十關十鎖百十。里定有王侯居其間。鄉落羅星小關鎖。枕水如戈石橫臥但看無脚落水是、爲關。闌重數多少、分等級將。佐。君如能識水口山。分形便識天戈尖拖。並祿。破。爲關不出脚矣。水口山有二。（水口羅星。一橫闌有力。一衆山重重交鎖。（亦未盡閱。

天戈、星名。破脚尖利長拖。亂行肆出者如戈形。

正形

變形

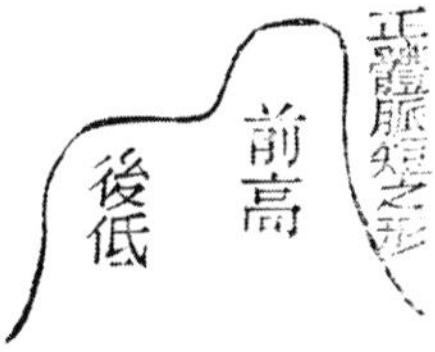

品字立

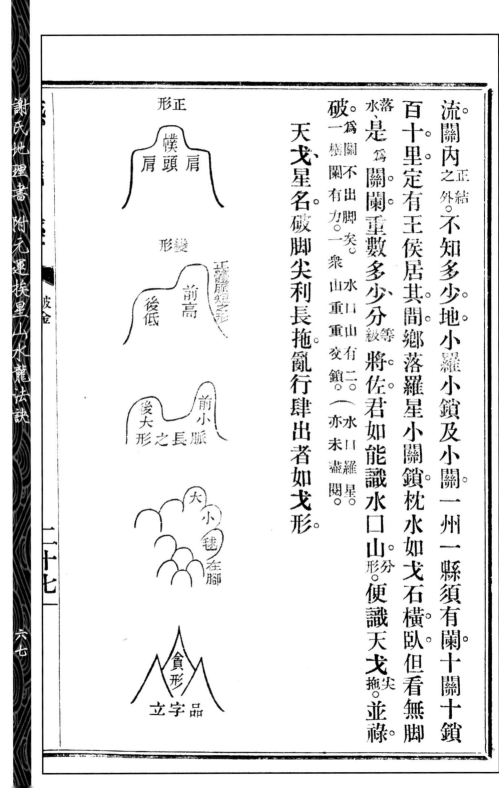

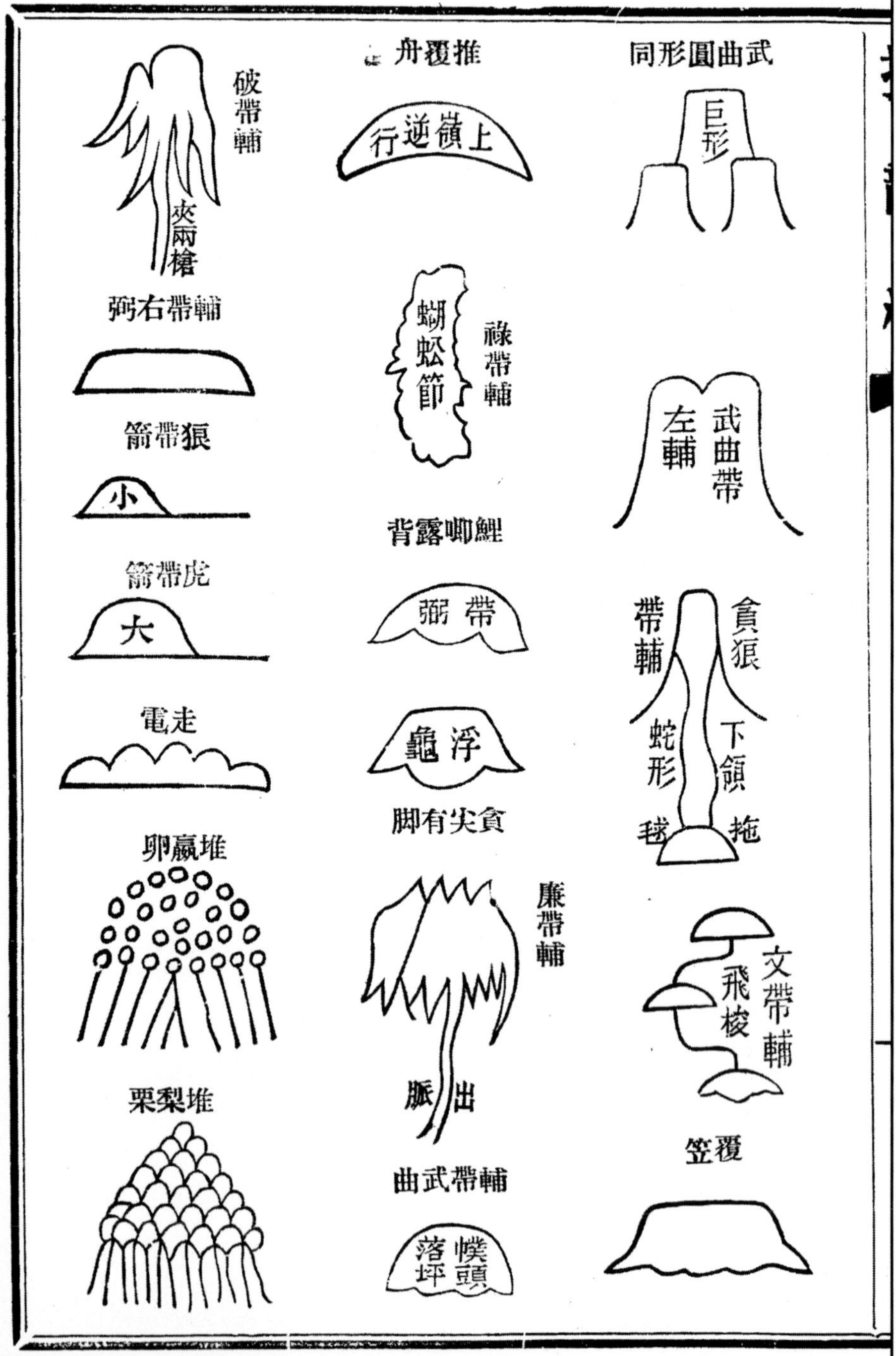
武曲圓形同
巨形
武曲帶
左輔
貪狼
帶輔
下頷
拖
蛇形
毬
文帶輔
飛梭
覆笠
推覆舟
上嶺逆行
祿帶輔
蜈蚣節
鯉唧露背
帶弼
浮龜
貪尖有脚
廉帶輔
出脈
輔帶武曲
幞頭
落坪
破帶輔
夾兩槍
輔帶右弼
狼帶箭
小
虎帶箭
大
走電
堆贏卵
堆梨栗

左輔土

左輔高處正形、肩頂皆圓。如首戴幞。頭。人首帊幅巾也。分脈短脈長二種。脈短出輔。前高後低若大小毬。脚亦有毬。脈長出輔。身舒腰長如鼓杖杖鼓。後大前小中微凹。與駝峯。相侔短脈長脈。下必皆有兩脚圓瓣平行。去輔星或在武曲左右遊。此龍緣何近武曲。自昔從巨分宗而來。爲伯叔猶言兄弟。分宗出脈。定作兩貴龍。此與他星並出之脈。事固不同。凡是武曲兩旁必有輔。不似他星分脈。形即各改處。平岡左輔蓋有左輔形。在巨方峯之下、起小圓峯如卓斧。形。蓋此是類似武曲之輔星。形。故形不改。若是單行眞輔、又別有情性。蓋眞輔獨出。自作貴龍。體。高處幞頭出橫脚、頂與兩肩高低起。高頂起圓高峯、旁又圓落肩低處低落、亦是肩頂皆圓忽然頂上堆起圓石如羸卵。又如梨栗堆簇。纍山上圓石纍纍高結。頂斷定前頭深入垣。中結穴也。

武曲常自巨門而出左輔常近於武曲。故言方峯之下如卓斧。即巨武輔連行處也。左輔正形在高處。如幞頭。在低處如笠弁。肩頂皆圓分出枝瓣亦圓。

要知此星高皆幞頭。低如笠弁。常在帝前名侍衛。是以入到垣局之中最爲貴。太微垣主星左右上將上相次將次相。兩夾間有東華西華諸門之水、上下皆回橫向穴。水外四圍、雙雙列將相峯位。又朝後兩旁高、輔是垣前左右執法星。列於左右爲兵衛。此太微垣局氣也。故方正之垣號太微、其水城橫而屈曲。若垣有四門號天市。前後衆水朝聚。惟紫微垣外、有來前去後。之水門。又有品字華蓋、六合三台峯、在前後。爲衛中有前來後去之過水名御溝。水城直而曲。抱城屈曲、在垣中間流。故紫微垣內星辰。獨富足天市太微四面星辰。少。能全局。且天太兩垣之朝迎未必皆輔星眞形。但眞成垣局。則諸峯皆若百川朝海、衆星拱辰、山勢如笋周簇。任是千山萬水、皆回頭入朝。入到上下懷中皆九回。而屈曲。又近入垣前之輔弼、其形皆微細隱隱微微在平地。左衛右衛諸平地星、在外堂兩旁。相羅。列。並輔在穴前爲近侍。至貴之穴。三垣局勢。方有此也。未經閱歷。

解依古註。不知當否。

華門。均在將相山兩夾中間。在東藩爲東華門。在西藩爲西華門。輔在垣前。倶居朝後兩旁者。在左爲左執法。在右爲右執法。上皆太微垣中局勢也。

詩云直城射入紫微勢。橫城水遶太微著。百源來聚天市垣。水城圍抱天苑次洩天機云。太微垣局最方正。朝後左右執法。並西藩上將次將、雙雙在外之水前。後則次相上相。亦雙雙在水外。連東藩前垣。列水外上次各兩相後。旁列次上各兩將。兩藩九門分十星。前面一水遶城橫。又云、紫微西藩星有七東藩八星。出華蓋扛星在後門、天床前面陳中央。一水直朝入抱城九回曲。萬山簇擁盡朝迎。拱極不虛稱。又云、天市垣星二十二。名參國與地國地中間有四門。東西南北分。衆水分流來此。水口聚大河在東注帝座居北市樓南垣局總爲祥。
右弼一星本無形。是以名爲隱曜。星隨龍剝換隱遁去。脈迹便是隱曜行。
祇緣九星飛宮有九曜。飛宮掌訣。分順逆挨排。因此强名右弼星。與左輔同爲入垣之星。故帶言於此。九星飛宮。即洛書之位次。
天下尋輔幾處備。禁穴皇都。必以輔星爲垣。河北河南、有垣星者、止三四處。更有陝西終南泰華龍。出沒爲垣盡堪議。南龍莫錯認南嶽。湖南爲垣。雖亦有輔星、而垣氣嫌弱郤有低平回龍、隨龍水在後。纏護。以大江。出水口有尖秀之三峯、各峯卓立如削。在湖北之下。北冀燕雲多輔星。爲垣。又隨塞垣遠入沙漠。在吉林之地。洛汴兩京、在中嶽嵩山、垣局甚難尋。已被前秦人曾妄作。鑿滅。燕京至陝西。有東西垣局、並長江。亦有垣。又中有黃河曲水當長。之山西亦有垣。又有後山開屏列帳如負扆。之處。下面前瞰秦淮近枕於水鄉。又有輔弼隱曜入大梁。河南。郤是英雄古戰場。大河九曲曲中有。垣局。輔弼兩星分入。

首。兩節。有人識得左輔是垣星。識得之時慎莫開口。以洩天機也。

凡龍到頭謂之入首。入首落脈收氣入穴之星謂之輔弼。故曰兩星分入首也。歷指垣局。如數家珍。足力眼力。兩俱至矣。

如何識得左輔星。輔下自貪至破。次第生峯無雜亂之形。從華蓋中心之天門上頭生寶殿。寶殿引出於龍樓、前橫生此樓之上千萬尋池位水是眞龍樓上氣兩池夾來龍脊高池若崩傾以下非大地。池中生石即是輔弼星。祇分有迹與無形。有迹便是眞左輔石如無迹便是右弼隱曜行兩星縱然不大也如旌節鉞斧形。又峯帳生在樓殿中者。如鉅浪重重不能盡說也。其鉅浪間必有帳、帳中必有扛星扛脊又曲折而生七峯、穿排巧如環玦此等杠星便是華蓋之柄曲處生七小峯來作剝換之憑證逐一證出大峯。連生貪巨祿文廉至武破一周而復始定從天門中之輔星。依次直指破軍路此是華蓋天門龍出序若出自天門是輔星正龍不出天門者。下必七形不具一形不

具便減力(須看)次第排來君莫誤(必)自貪至破爲次第(如或)顛倒亂行(即)名失
序(出序之龍逐段)一剝一換(從伏)斷處尋(七星)斷處兩旁(必皆)生擁護(護如)旌旛(對對)行有(高起)
蓋天旗(遮龍出身)旗似破軍或斜去看他(旗形)橫帶(開帳)如鉅浪浪滾(中心)一峯(即是)杠
星入帳(每星)帳中過去(必皆)中央行(如)不出中央(即)不入(龍)相(果輔星下自貪至破)星形
備具入垣時(則必)怪怪奇奇(垣中形勢自然)合天象(北斗七星之次第也)(天門出序之星亦未經見)

華蓋三峯中峯爲正兩肩爲護所謂品字立也鉅浪重々以樓殿上之
峯帳言杠星自帳穿出即華蓋來脈也華蓋中心爲天門次第謂剝七
星之序一剝一換遞生七星也斷處尋尋求七星次第蓋天旗峯高聳
以遮龍脈橫帶如鉅浪以蓋天旗上開帳之形言怪怪奇奇七星能合
天象眞是奇事

我到京師(當指陝西)驗(輔星)前說帝垣果有星(周圍)羅列南北雖短東西長東華(之，)

水繞（過）西華岡水流（至）關口多瀦（聚曲）折九曲九回朝帝闕南岡（朝應）儼與前星仿（即垣中第一太子星。）周召（二公、）到此觀天象上了南岡望北岡聖人卜宅分陰陽北岡（尊星、）峙立（華蓋）天門上分（帳）作長垣、（排開）在兩旁垣上（連）兩邊分（爲）九個兩旁夾（護）帝（星在）中央（端）坐要成垣中有帝星（看）皇都坐定甚分明君如要識左輔宿凡入皇城辨垣局重重圍繞（山巒）八九重九重之外尤復重重山複鎖（之中）看輔星（輔在）高山頂上（圓而帶平。皆若）幞頭形低處（衆山、）恰如千官入戴弁橫班（皆形）如覆笠仔細看來眞不同應是帝垣方富力（帝垣未闕。但依經解義而已。）

此節言京師垣局可以悟垣局之地皆當如是看前星是紫微宮第一太子星此借以言朝應高注南岡下謂洛陽紫微垣切勿泥觀上東華西華下高山幞頭低處笠弁中間垣上九個夾帝中坐均係太微垣所有則此京師當屬陝西非指洛陽明甚分南岡十句作洛都非也九個

二字一說當作輔佐亦通。

輔爲上相弼次相。破祿侍衞廉次將。上次將相必求輔弼。破祿廉一一成變甚難。但得主山尊嚴。兩護有情。即是貴地。文曲分明是後宮。文在帝星後作渡。故是後宮。武曲貪狼帝星樣。三吉皆尊星。而巨門最貴。更有巨門最尊貴。喚作極星太極中之帝星也。事非妄。三垣紫微太微天市也。各有垣內星。凡是星峯、遠高近低皆開面內向。此等垣星本不許人知。若不明言疑是誑。只到京師君便明。但見重重外衞、而近穴之內垣又寬平。大地皆宜如此。惟此地難遇。識者亦少。此龍不許時人識。留與皇王鎮家國。求地諸君、請從九曜尋剝。換之龍。如祿中行度戴三吉。祿上起貪狼。祿到頭結穴。則背凸面凹。護砂重重。文曲能側面起蛾眉。到頭起尊星。廉貞樓殿之下。變出貪巨武。破軍三台六府下。亦有變三吉者。亦有橫開大帳。帳裏出生旺者。均是好地。貪巨武輔弼五吉。亦要剝換。剝盡粗龍尋細迹。必結地矣。要識眞龍眞輔之本相。祇看前高後低與幞頭肩頂皆圓樣。此是輔星自作龍。行有卓起高形。則其眞氣旺。若從三吉去作龍。隨主變尖圓方等形。郤與幞頭形不同。從貪狼則多尖品字立從巨武則或方或圓、各成三個品字峯三峯皆節節隨身轉中有一峯、卽品字中峯。是出龍正面兩旁夾者卽是輔弼大小與尖圓方等。君要辨明此龍初發脈在高山高處生峯卽多瓣顏有瓣須看明是幞頭穿心滾滾低、來是浪下之毬落在平地、如鯉鱺露背脊兩旁有脚橫排、中頂如覆笠若是從高山上降樓並下殿則節節於樓下傳變。各形。貪下剝換帶輔如抛毬尖貪處戴輔、脚如䲗浮此是貪前下嶺出脈、方如此貪背上嶺則逆行而上。如倒推覆舟三吉皆有帶輔。尖圓方峯。各是品字立世人不知是吉星戴輔形。誤作三台覔非也。又有祿存剝換帶輔。則如蜈蚣節微微短脚在身邊列文曲帶輔。梭中戴線行屈曲而飛梭、於精巧處藏迹廉下帶輔。變爲梳齒形梳齒中央引龍出武曲剝輔。形如幞頭無改換行到坪中、其形覆釜。斷而復斷破下帶輔兩脚如槍相夾見若作尖脚天戈形。又急行閃出如走電破下兼帶。多是亂行失序出頭來直出之脈。又似虎狼行帶箭但看纏多便作吉龍斷若是無纏爲道觀。九星落穴。皆要纏多。

輔星多瓣是幞頭。祿存多瓣是瓜瓠。當知剖別。

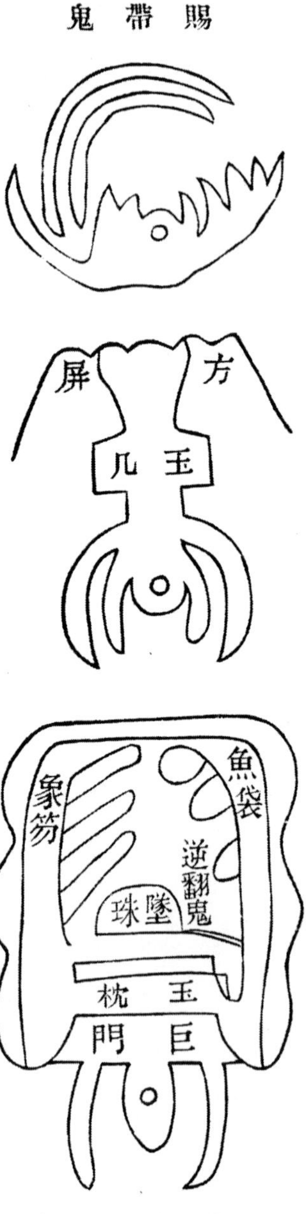

此形貴而少見。

右弼金

右弼本來無正形。形隨八曜之高低。生要識弼星正形處。八星跌斷過脈處、每隱藏其形。隱藏是弼形名隱曜。此是弼星眞奧妙。在平岡。則拋梭馬迹過脈。線相。如。落平洋。則蜘蛛過水、與上灘之魚。行平地。則驚蛇入草失行迹。斷脈斷迹處、尋來郤如無。每每隨他星作過。渡脈。其正脈是尊星、則因名右弼。又在左爲輔星右弼。星。左右隨龍身上。行。行龍之時、隨從有輔。弼。或有變換、亦隨正龍各著蹤。迹君如識得右弼星。每到垣中多失。跡。剝龍至失脈失跡時。則就地上、有如絲絃在於琴。背覓。隱微處宜細察也。若識弼星隱曜。宮。處處觀來皆是。吉此星多吉少傍凶。蓋爲藏形本無。實。位也。

右弼原無實位。在吉龍之前爲弼星。若在凶龍之前。卽是破祿文也。

藏形之時已沒迹。郤是地中暗來脈。彼地平陽千里程。指河南言。不識其中郤有弼。坪中凡有水流於平坡。高水一寸卽是。阿。坵阜微高處。祇爲時師眼力淺。到此茫然無奈何。便云無處尋蹤跡。直到有山方認得。如此之人豈可言。有穴在坪原自。失。只來山上覓龍虎。又要公頭。水分之處始云吉。不知山盡落坪。去。穴在平中貴無。敵。癡師誤了少多人。又道葬埋、畏卑濕。蓋緣穴在水中者。就水漲言。更是難憑怕泉入。不知水漲在中。央。水退卽同乾地。方。且如兩淮之地平如掌。也有軍州落窪瀝。低濕處。也有英雄在彼中。豈無墳墓與宮室。祇將水注。呆水也。與水。流。活水也。兩水夾來是龍。脊。非惟右弼在其。中。八曜入坪皆有。蹤。皆各類其種。前篇有時說平。處。坪裏貪狼體。一。同。餘可知矣。形家須識盡眞龍。骨。方知富貴與興。隆。不惟九曜宜分。別。前官後鬼亦應。窮。究分類也。官不皆分。此只帶說。官鬼皆隨龍佐佑之星。故發明於後。

要識前官後鬼山。官鬼全憑眼力看。圓龍忽然長拕脚。恐是鬼龍如覆杓。覆箕覆掌皆鬼。龍。莫來此處認眞。蹤。請君細認前頭。是眞穴。勿使差前眞與失於穴後。空。卽後宮仰瓦也。

問君何以知我。穴已落。看他尾後鬼星峯。作。高低尖圓方皆是。問君知我如何。行。尾星尚搖動不曾。停。前官後鬼須細辨。鬼尅我身、拓居於後。面。官星尅我拖在前朝。外。此是龍家官鬼見。（此下八句。辨僞一行僞造五行定穴之法。有謂眞龍落處陰陽變、五行官鬼無相戰、水龍剋換火龍出、鬼在後頭官出面、坎山來龍作午丁、却把羅經差使轉、此是出於僞造陰陽五行、以辨定穴之僧一行、不是龍家官鬼辨、）龍家不要論五行。生剋。祇從龍上看分髈。滿起處裁穴。爭龍奪脈即是鬼氣。鬼氣不歸龍上行。以在後去而爲死也。

我、謂主龍。剋、損削也。剋我、即爭奪龍氣。鬼氣不歸龍、謂穴星來脈爲生。鬼身去脈爲死也。

大抵正出之龍無鬼。山有鬼不出半里。間橫龍出穴必有鬼。逆跳翻身、從穴後還。抱。上地方有逆鬼。中地鬼山有纏。下地得鬼便是。鬼星若長拖去。奪我龍氣。鬼短貼身回護。如抱身闌。問君如何謂之鬼。主山背後撐者是。若分枝劈脈不回頭。奪我正身氣。必少全美。眞龍穴後如有鬼。或山短枝多爲雉尾。枝多有情亦吉。此是眞龍穴後。

星星峯亦有尖圓及方扁眠體眞龍穴後有鬼墜鬼旁諸山。隻隻回頭來護衛鬼有此護。

即結貴地。若旁山不回頭衛鬼之本身此是空亡歇滅地問君何者是空亡穴後捲

空仰瓦勢便從鬼上細尋覓鬼山星峯落空者。即少收拾鬼在眞龍身上、其護衛

必多鬼旁山山多情來拱揖護衛貼近鬼身、不敢遠離故居中之新堂。必有泉池暗從兩

旁流入微茫水不明見也。要識眞龍鬼山只短竄緣有護鬼纏龍在後段既有纏龍貼

護來不許鬼龍落空而散漫如有鬼山直去投江河此龍護纏散漫多如戈

如矛、出脚亂走去鬼外包裹無山、即落空亡。怎奈何必不結好穴矣。

直結爲正龍側結爲橫龍脈斜落亦作橫論須有後鬼仰瓦勢謂如瓦

槽仰露直去則氣不聚按穴後星今人命名又有樂山蓋以撞背者爲

鬼另托者爲樂也樂宜立起高大。開面端正。則貴。

龍若無纏又無送鬼托也。縱有眞龍不堪用護龍多愛到穴左右前自遠而近。二三重

五重(則)福延綿。一重護衛(只)一代貴。(若)護衛十重(則)宰相。地兩重亦主(職)典專城。一重止出(縣)丞(及)簿尉(皆佐貳小官。又有高低大小。高大有情大貴。低小有情小貴。)鬼山亦有眞情狀。形隨三吉、(則成)輔弼樣。九星皆有鬼星。形不類本(龍)身、(卽)不入(格)相。貪狼鬼星必尖小。(類貪。)武曲鬼星、(類武)枝葉少。多作圓峯(如)覆杓形。撐住在後誠最好。巨(門鬼)爲墜珠(圓形)玉枕。(長橫)形(珠後枕前。)貪(狼或)作(三級)天梯背後生。一層一級漸低小。雖然有脚(曲轉護主。而外)無橫。行巨門(鬼又)多爲小橫嶺。拓(於穴)後如(開)屏、(屏前)(又生)玉几品。弼星之鬼如圍屏或從龍尾後橫生。橫生(如)瓜瓠抱穴後。(又如)金斗(側)玉印(方、及長抱)蟠龍形。獨節之鬼爲輔星。氣三節平如寫王字。(節本作對。與下三對複。作節爲是。方如王字形。)三對兩對相並行(彎抱兩旁。)曲轉護身皆有意。(若四凶星。)破祿廉文本是鬼。(形)不必問他穴後尾(星矣。)

破祿廉文多作(水口)關(。山第一重)近關太闊、(卽)爲散。(氣之)關。(大局有遠在數十里者。或多水結織。則不嫌闊。)

關門是龍局有大小。之分。關山破祿二星、多列左右爲外關。關數愈多。則地愈貴。祿存無瓜瓠脚圓祿、作神壇。破軍不破凶化吉星。爲近關。善論大地論關局。關局分別大小於水口。山。遠近長短及大小分之。地大關亦大。地小關亦小。觀水口之大小遠近。即可知關內結地之優劣。

鬼山多向橫龍作。正直也龍剝粗爲細。多向平地落。平地有山。勢如蜈蚣行脚長。便是橈棹。形橈棹向前抱來穴即迎。橈棹向後扯去龍未停。橈棹向前、主星峯忽起。定有眞龍落。諸此祇看護拓山回抱轉。來來處、生脚又朝揖在前拜有禮。遠有數層朝揖。則地愈大。

大抵九星鬼有種類。鬼類相如主星中、又各有四四未知所指。或謂分類外。加以逆翻曲護兩吉。及捲窩仰瓦二凶。共各有四也。四九三十六鬼形。識鬼便是識龍精。問君鬼星是何義。主山背後有餘氣。問君官星如何看。朝山背後逆拖山。官是朝山有餘氣。與我穴後鬼。一般官星前尋不妨遠。鬼後。究則近。官要回頭朝主。鬼要就穴近抱。若官不回頭鬼不就。只是虛拋假穴。無眞秀。龍虎背後有衣裾。此是關闌拜舞袖。雖然有袖而登穴不。見官不離鄉。任何受。

三十六鬼形觸類可伸。經故不全錄。好穴龍虎背後都有衣裾。如人當風拜舞。衣袖飄揚。反向外張。似乎飛砂。而穴上不見。正是眞龍曜氣發露。名離鄉砂。貴而非病。官星見面。鬼星立起。均主貴顯。

眞氣聚處看中小明堂。外堂則寬大矣。明堂內面要平。陽明堂內面小界水瀦。會第一寬平始為貴。來水側裂傾摧撞射身。去水急瀉奔騰非吉地。明堂內面分公位。公位眞在明堂內。請君來斷左右山。斷字直貫下文。先就明堂觀水勢。明堂亦有如圓鍋底。橫號金船。長而寬抱龍虎在裏。直號天心。又曲折號御階。圓如馬蹄直過而又跡曲徙。總要團聚有情。明堂要似蓮花水。若盪歸左位長公起。盪歸右位少公。興。偏處可培。勿拘於位而棄好地。若居中心諸公美。大抵明堂前山砂身回。則橫為貴。其次兩旁砂腳回則。之玄關鎖。利。蕩蕩直去不回。頭。雖似天心非吉。地。直明堂要如衣領。會。

左紐右櫝方爲。貴。或是田壟與田。脚。如此關闌鎖眞。氣。忽然面前無關。鎖。

則水劫去。即風吹來。決非吉。利。請君來此明堂細消詳。更分前官後鬼。位。官星但要回頭。

而鬼山中拓。兩邊又貴纏護砂。左脇生砂抱來、如笏揩。於紳。右脇生砂護來、如佩魚袋。形。此即前篇三對

二對相並行。曲轉護身皆有意者。而形如象笏魚袋。尤是貴徵。方長象笏、圓短魚。袋。小巧是金、肥大是。銀。

看鬼兩旁。有此樣貴秀砂形、則回轉前面尋局。勢。中間必結乳頭穴是。眞。極貴地也。

象笏。文臣所執。魚袋。武士所佩。象笏瘠而長。故在龍畔。魚袋肥而短。故

在虎畔。左右依鬼山。與穴前龍虎反看。後鬼兩旁能生此砂。極貴之徵。

賜帶鬼形如瓜。瓠。二條三條左轉。去。回頭向前。貼近抱來作侍從。官。在前案橫

交、名爲金玉。盤。玉盤在右爲賜將、金盤在左則爲相。左右在人心眼。上。分別左右文武重數

如多賜亦。多。若止一重未許貴如金犀兩帶之吉樣。二重即是犀帶。三則爲金。帶。回轉

抱向穴前、則出官轉大子孫武貴三代垂魚袋鬼必右轉三重虎身外三代文貴子孫帶扣金三重橫盤於龍外尋多至四重即是賜金玉重數如多福最深此是龍家猶言龍砂、賜帶鬼穴必朝傍砂邊莫將龍穴向右邊臨又有玉几方屏為巨門之鬼形貼坐身後是几、橫障几外為屏或謂前有賜帶後又有几屏則至矣几屏須要間前後未有屏列在前、几反在後生鬼若几屏、如在後頭拓此是公侯將相庭賜帶即前弼星鬼而此尤為盡致巨門鬼亦見於前此復言几屏之先後

變穴篇

貪狼結穴是乳頭山洋皆同巨門作穴窩中求武曲作穴釵鉗覓祿廉梳齒犁鏵頭文曲穴來坪裏作高處亦是掌心落中指倒處即是掌心破軍作穴、形尖似戈矛兩旁左右砂彎抱如手皆收定有兩山皆轉護在前不然、則必一水繞外堂而過穴上見水收納橫流水納橫流諸穴皆宜而之玄關鎖亦好惟破軍穴前無高砂轉護必水納橫流輔星作穴、形微仰如燕巢捲若在

高山(穴)似掛燈。盞。若在低平、(其形)是雞。窠。(總之穴後。)縱有圓頭(微高頂。穴前亦如)凹字。模。

此是(看龍)剝換尋星。穴。(有生成八種穴形。是以)尋穴者。必隨龍(星)細辨。別。(九星)龍若眞兮、(八種)

穴。亦。眞龍不眞兮少。眞穴。(大抵)尋龍雖易、而裁穴則難。祇爲時人(多)昧(於)剝。

(換之)山。剝龍換骨星(體)變。易。(穴形亦隨之變易。必)識得疑龍(中隨龍認穴諸法。則)穴不。難。(矣)古人

望龍(星、即星)知正。穴。蓋將識龍、(須)尋(到頭剝)換(一二)節。(誠能)識得龍家(或少祖。或主山。)換骨。(屬何)

星。(穴即隨龍星而作。則)富貴令人無休。歇。(若龍星數節之內。成變換。或兼戴。星形不一。則穴形所現。亦因兼戴有遷變之殊。宜)(細辨。)

龍家穴法。不出窩鉗乳突四字。以五吉言。乳者貪之結。鉗者武之結。窩

者巨與輔之結。以四凶言。犁鏵者乳之變。梳齒戈矛者鉗之變。坪裏掌

心者窩之變。突則穴星之總訣。凡八種穴後。皆有微頂。皆稱爲突。即蔣氏所云。祇要穴生一突也。

撼龍經終

謝老夫子。先嚴執友也。每來舍。義正詞嚴。不苟色笑。堪成童時。執役侍旁。毋敢稍懈。以道貌在望。知爲正人君子。自深嚴憚也。先嚴敬禮。積久勿衰。兄弟家人。亦莫不敬。蓋誠能動物。先生至誠。自爲所動耳。迨堪年壯。遭家不造。先祖與父。相繼殂落。兄弟三人。哀毀之餘。延師覓地。數十里外。築壙將窆。未識先生知地也。先生來言曰。令先正士壙雖成。余未閱。不可苟。兄弟聞之。始悉先生深明地理者。乃與往履閱。歎曰。此微界有水淋頭。下之莫救。另覓可也。後託人覓來告數處。請覆看。皆花假。沿途見者。即登臨指示。不下五六。訪求之。非公則塋。無一可購。先生以時局變遷。不履城者十餘年。茲以小亂避城來。謂曰。乃翁即余友。余略知地理。忍乃翁之久厝乎。邀堪登山二次。得上元地三。下元地亦三。悉在數里中。喜而訪之。皆塋山不售。先生曰。地出何代。葬何人。原有定數。今尋得數地。何一無緣耶。堪對曰。先生睟子可謂神矣。非尋地無緣。寒家無福耳。敬求先生。不棄菲材。願拜門下。時承善誘。徐悟至道。弟子年壯力强。隨地可尋。免勞長者跋涉。師曰諾。學貴誠求。難以歲計。曾子得一貫之傳。誠篤而已。爾苟誠求。余何吝也。但學地之道。難於學易。易只傳心。地必先傳眼。纔得傳心。蔣公云。若不傳心與傳眼。青囊萬卷總糢糊。洵篤論也。傳心之法雖難。猶易。而傳眼之法。雖易實難。差以毫釐。謬以千里也。近日登山所指。即屬傳眼。格龍格向。辨別穴運。即屬傳心。傳心不傳眼。取運是。而下穴非。傳眼不傳心。取穴是。而乘運非。人壽幾何。河清難俟。求失運之大地。甯求得運之小地。則二法均要也。堪曰。心法尚可言傳。眼法必登山指示。天下多山水。何能一一徧示乎。曰。唐楊公地理之聖也。好山水。徧遊中國。著撼龍疑龍山法。畢傳。自高氏謬註。誤人非淺。余因解定以濟世。又錄寶照天元山龍篇。大小咸備。

水龍看法。則寶照下卷論形局數節。天元論水龍形理一篇。已可照看、惟理氣則聖聖相傳。只能口授。未肯明言。如靑囊天玉寶照諸經。均義精詞奧。傳書而不傳訣。懼干造物之忌。今余于山水挨星法。天玉江東江西分卦法。寶照兼貪兼輔補救法。一一發明。旣干神怒。復違先哲。因救世婆心。雖浪洩天機。所不顧也。又錄古鏡歌辨方位元運陰陽差錯諸法。亦示傳心。原稿具在。爾其謄正付梓。此書若行。地理復明于世。國其有豸乎。應曰唯。謹受敎。繕旣竣。將堪學地原因及師所面諭者。萃附于後。以記其實。若大雅君子。以文字衡之。則吾豈敢、受業張堪謹跋。

地理眞詮初編解明撼疑龍經山龍形勢二編將解明歸厚從厚錄水形勢版俟續出

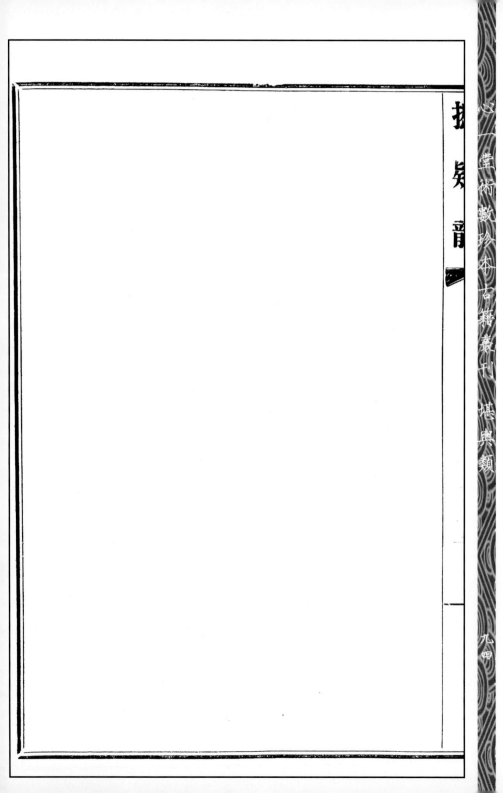

疑龍經

唐楊益筠松著。見心子謝復。因僞註誤世。根據蔣宗城註。而解益詳明。

撼龍所以別龍之形體而龍之美惡分疑龍所以辨龍之主從而龍之眞僞判疑龍三卷上卷爲主詳言枝幹枝幹二字通篇綱目幹龍開花結實均要剝粗爲細抽出嫩枝枝龍腰緊節短接連跌斷方結若腰鬆節長但一斷而不能到底或不能斷者皆砂體不結中卷爲輔詳言背面面必平夷背則崖岸又屈曲翻身面多轉換則正龍轉處必有護身脚或背後脚回或直脚長拖或橫脚環抱皆是護龍轉關者而龍之背面自見且正龍屈曲不朝人從龍則不拘前後左右皆開面朝主下卷詳言觀星裁穴星有兼戴變換穴亦因兼戴而有殊無論正穴怪穴總以龍星爲根荄形穴爲花開也撼龍爲經疑龍爲緯經縱緯橫二經實表裏相須

上卷

尋龍何處最堪疑。尋得星峯疑其為幹。誰知卻。是。枝。蓋以枝為關夾為砂。從行龍。並為護。拓。背砂。矗矗旗槍、卓拔高枝。左右。相隨。幹龍行度、上星峯全不。作。惟起祖及轉移。必起星峯。星峯看龍之常法、盡變為虛。辭。此可疑也。與君稍釋狐疑處。幹上尋龍眞可。據。以高峻之幹龍、出身長遠、去無。窮。盡。每行到中間、化為低平。全不起峯。龍之陽氣。駐。似幹龍已住也。但看面前山水、雖環繞可。愛。而看背後護龍、卻反。背。不顧。又可疑也。君如就此問疑龍。此是中途欹龍、迎送墜。落處。故致有背。譬如齎糧適千里。豈無頓宿之所。主僕分外。內。乎外是枝脚。內是正龍也。又說峽後再起處。必有短小枝脚。回顧向後。故曰背後護龍脚反背。

此節專為正幹辨疑。疑頓宿處已住。而實去也。

正龍長遠去甚茫。茫。無行盡時。定有隔水參龍、部伍尤長。凡看好龍為幹。去。隨身枝龍、到處盡旗。槍。旗槍也是星峯。作。圓淨尖方高更。卓。枝高卓。愈足徵幹之力大。就高枝中尋穴穴卻無以幹去未休歇而枝早落然也枝龍身上亦可裁穴但半是虛花半是胎若是虛花無朝應若是結實護纏回必兩全方結眞穴然護纏倘要觀疊數一疊回來似護顧莫便將爲眞實看恐是枝龍葉交互為關夾非護穴也必三重五重抱回來此就枝龍身上做幹龍猶自隨水去外山護送迢迢不停住開面停住作朝則幹龍亦住矣

此節言幹旁枝結必有朝護方確且要重重抱回結穴方眞下補經所未言幹龍盡結必起尊星數節屈曲盤旋然後剝盡粗龍可尋細迹且龍係大幹其土必瘠若山脚土肥即是枝龍以造物無全能也故大龍正脈無金銀鑛不慮開取胥此道耳

正龍行度身上不生峯峯在頓伏移換處旁有側面廻主之高峯皆是護龍兩相從君若見此幹龍神的向幹龍窮處尋穴君如尋得幹龍窮盡處二水相交穴受風風吹水

刼處是龍尾龍背卻非穴君尋到此是疑龍請君看後宮水交纏處水外又有山層層
來相護護愈多地愈大正龍結穴翻身顧母顧祖宗此是回龍身轉赴回龍便作挂鈎
敲未作穴是先作朝朝山皆是宗與祖不拘千里遠迢迢穴前諸官皆拜
揖諸官即朝迎砂千源萬派皆朝入翻身龍橫結穴諸官源派亦皆朝入此是尋龍大法門左右兩水
夾來龍必轉楫棹也轉龍雖非逆結亦必翻身橫結又朝入源派近者朝穴前遠朝逆繞下手及外水口總會

此言幹龍盡處結穴可疑幹如正結看面前兩護翻身轉結須看面前
朝應背後護纏爲證又大地水源千百里外無不朝入水朝則山自朝
不必皆目見也又字下五語補經所未言

尋龍何處最難知尋得星峯卻是枝枝葉亂來處皆無正穴眞龍到此處其是
非可疑但疑此者祇緣不識兩邊是護龍脚卻愛飛峯倒脚隨術家愛此峯卻多凡飛峯斜
落者皆是龍脚脚上生峯者俱一邊卓立其中間眞龍行度平處卻絕無星峯兩邊生峯

處、最難捉。穴。要看他背斜面直者。皆號飛峯此是眞龍旁之夾從龍大抵一節生峯、則只一節插起。或二節峯、則腰鬆長號寬夾夾長前峯、繞出眞龍前而其背後一節。星峯又可憐愛到此狐疑不能識請向正龍尋兩邊衞護。兩邊起峯爲高山護送正龍、低平居中最貴重外護高大長遠。正龍低平居中。亦同此看法。大地皆然。正龍落穴。星峯兩邊轉前揖順結處。則揖在穴前爲我用神。如逆結則抱穴後。橫結。則前朝後抱。問君州縣正身龍但如大浪橫江、低起突泡。那有高峯凡高起之峯、皆是兩邊脚去爲小穴、較正穴爲小。都是枝落如此尋龍、又須看兩邊衞護。兩邊生脚長護。未嘗少有偏枯。惟正龍、繞着中央去行到盡處。則有破祿廉文多作外關闌門定局又有大小破祿二星只在外爲闌蓋以祿存無小圓祿脚。只作神壇破軍不破凶化吉。只作近關善尋大地在於尋關局關局有大小在看水口。山。有高低大小長短曲直之不同。

此言正幹尋龍枝亂致疑須辨得龍脚淸楚背斜面直一邊獨卓此爲

龍脚即夾從之龍非正龍也龍脚飛峯大都只一如連生數峯亦係長脚寬夾不得憐此星峯認作正龍兩正龍句宜着眼眞龍夾從龍謂正龍夾在從龍之中大小水口山山必高大且長遠曲折則內局必大否則局小出水口能翻身回抱遠在數百里外則大局不可名言

大凡尋龍要尋幹大幹起祖必生龍樓寶殿或六府三台行在高山頂上必生特別尊星及至中間行度低平貴重。莫道無星又無換君如不識枝幹龍每見幹龍中途。多長遠延蔓不知幹長、則外纏亦長外州外縣諸遠山皆纏隨爲伴是故尋龍千里非爲迢遞遠也、三五百里又其次

龍遠非足力所能到。先就輿圖觀水源水源即龍起處量地而收用之。兩水夾來、中間之山、皆有龍氣水源自是有長短長建軍州短縣置餘氣建州。正脈結地亦分大小。（下附四句補經未備。）更就輿圖看遠大水口衆水齊歸勿他走水勢由微而達大口能收小福悠久遠水落洋。口能緊束。內結正穴。悠久勿替。）逐段分

枝上、節節星峯換遠來正幹上、時時斷復斷斷後必起高峯。其下

分枝劈脈散亂去。（枝雖去必面向正龍。）幹中有枝、枝中亦有。小幹。凡是枝龍長百里。百里。（山水）周圍、（即是）一縣。判。（中間亦有好地。）百里各有小幹龍。兩水夾來（盡頭處。當細）尋（有水抱之）。曲岸曲岸有水抱龍頭。（龍頭雖穴。遠近不等。必有正結。便從）抱處（內地）尋來、（其眞）氣（固結）不。散。（矣。不論何等地。）到處先看水口。（之關）山水口（須）交牙（緊密。）內局。（又須）寬便就（堂局）寬容、（堂低）水平處。覓。（穴。水外纏山。又）左右周圍無（一隙）空。閒。斷然有穴在此。（正中）處。更看朝水（之玄弓抱。）與朝。山。（開面相向。必結好地。）朝山來遠、（其上）同（一祖）龍。斷。共祖同宗（遠）來作。伴。容山千里（持）來。作。朝。朝在面前、（或隔數里。或數十里。千里來朝。雖穴不近。而有情相向。皆）爲。近。案。（又遠朝不近穴。另有近案在內。）如有朝迎（諸山。重重回頭。看其）性。情。（極）眞。（則結穴處。）將相公侯可立。斷。（必應無疑。增註。千里作朝。竟爲近案。則局不寬。必千、里大山來朝。內有低小近案。近案外又開大陽。又見高山作朝。斯外局寬舒。內局又不空曠。闊大地皆然。正不止將相也。然內局亦數里。或十數里。）

尋幹長遠。足不及。到先觀水源。更看水口。就輿圖閱之。由源及口。水皆繞抱則知水外衆山無一不抱回抱有情雖隔千里皆爲穴用出水處看山湊集則水口緊束可知故觀水源水口最是步龍要法寬容平處覓穴左右周圍無空蓋穴在萬山中堂局能寬則氣益旺纏護能密則風愈藏異於平洋穴也千里來作朝山水同看似極遠矣按大幹正結有內朝有外朝內可見外不及見就輿圖觀雖數千里如視諸掌但此爲大地而言初學不必深求又凡經言京都垣局及南北中大勢均非易曉但識得九星龍法正穴八種怪穴八種及星穴兼戴諸法尋地自易易矣

尋得眞龍不識穴不識穴時總空說（時師以假穴作眞反致禍敗不徒空說也）識龍（何等）龍裁（何等）穴始爲眞下著眞龍官不絕（但是）眞龍藏幸（隱拙）穴難尋惟有朝山（開面相向）識幸心朝若高時高處點朝若低時低處鍼朝山亦自有眞假若是眞時、（起伏有情）

直來也。若是假時山（必）不來（雖見）尖圓巧畫不爲雅。若是眞時來入懷（開面特朝）。（到穴垂頭）不必尖圓（秀麗）如龍馬。但要低昂起伏（端正）來不愛尖圓直去（無情）者直去名爲墜朝山。雖見尖圓也是閒。譬如貴人背面立。與我情意不相關（然朝山直少而橫多）。亦有橫列爲朝者。若是橫朝、如（官）衙（前一呼百）喏前山（長而）橫過、脚（定）分枝。枝上（橫岡）作朝、（而其）首先下。首下作（低小）峯或尖圓。隻隻來朝列我前（上下左右）。大作排班小成列。如魚駢頭蠶比肩（並立。所謂如衙喏也）。朝餘（下手）卻去作水口。與我後纏（抱回之山）相湊守交牙護斷、（使去）水不（直）流不放一山一水（或別去亂）走到此（裏面）尋穴、（須）走（察）明堂。明堂橫直（要）細推詳（四正向。多直堂之玄。四隅向。多橫堂弓抱）。橫城寬抱（者。列）有垣星。更以三垣論交結（三垣。紫微太微天市。此以喻明堂。勿泥煞。水口）交結多時垣氣深交結少時垣氣洩（橫列）長垣便是橫朝班。局（之中）、心便是明堂。山（水口山如）鈎鈐（星。必）垂脚向垣。口（前朝山若千官）。北面重重尊聖顏（大地有此）。大抵山形雖在地。地有（九宿三垣等）精光、（俱上）

屬天星。之位次。體魄在地、其星光在。天。誠得吉凶星光、卽知福幸應驗。方爲地學眞精。藝。又小明

堂須合襟交會。其惜。水如。惜。血。不使漏洩。穴裏須起護砂緊衞。其遮避風如。避。賊。不使低空。故近砂宜略高。莫

令凹缺被風。吹。入。脣下宜兜起。莫使漏牙遭水。劫。去。蓋山穴須上有毬簷。下有圓脣。左右以圓胖挂耳爲穴暈。無

此則假穴也。

問君如何辨明堂。山穴均要外山包裹、而內局則平。陽。局之大小不等。也有過龍護關砂亦

如。此。君若到此細推。詳。時師每到此護關裏。看得山水周圍秀且麗。躊躇四

顧。說。是好明堂。妄指橫過去山、作落穴眞地。不知兩砂關夾自周圍。祇是護關外堂

局多。洩。氣。洩氣之法妙何觀。左右兩護雖回、而外堂水無。闌。此是正龍橫過之護關。

夾。雖砂脚回抱。切莫將堂局在此中。看。與君細論明堂。樣。直出明堂須要之。玄。放。交牙

緊密。明堂橫過。則必繞曲如。繞。繩。繞在穴前。須。內。向內。向之水抱身。橫。對面抱來

弓。帶。樣。兩邊上山下來下山。抱上。對面朝迎砂亦然。則中有吉穴、可隨形。而向。山水朝抱。形

若眞時穴始眞形若一處不眞即是虛誑不結穴也。

此言明堂辨穴之法正穴明堂其外必有闌外無闌者是過龍之護關夾決不結也。

虛誑之山看兩邊兩邊看虛穴亦如然外纏脚不回內拓山亦反此是貴龍之餘氣外散穴必不住若有龍虎背後如衣裾覆此是關闌拜舞袖雖然有袖穴上不見官不離鄉任何從授。

衣裾四句與反背近似故此重言之。

貴龍不論肥瘠。行出陽時必鋪有裀褥有長鋪數十里益貴。裀褥闊之龍定是富貴局深山無此果屬貴龍。必暫駐陽氣。特起星峯。又參龍夾護。方露貴相。出陽龍鋪毡。穴結鋪毡一邊。若兩旁均鋪。則順結逆結。穴結正中處。問君裀褥如何分龍下有坪如氈裙譬如貴人有坐席又如僧道壇具伸。故凡眞龍落穴處有裀褥雖是枝龍也。富足此是神仙識貴龍莫把肥龍多席肉論之。瘠龍雖是孤寒山也。有瘠龍出高官。肥龍雖作貴龍體。也有肥龍反淩㾓。問君肥瘠如何分。莫把雌雄勢比均。大戴亦嘗有此記。谿谷爲牝低伏身。岡陵爲牡必雄峙。不知肥瘠有殊分。漢儒以山比夫婦。夫山高峻婦低處。此是儒家論尊卑。便是龍家雌雄語。大抵肥龍到頭要瘠護。嫩山化老。瘠龍到頭須要肥龍御。老山化嫩。瘠龍若有闊鋪裀褥形。千里封侯居此處。雌雄肥瘠。言龍穴之與裀褥。與廉貞篇論雌雄肥瘠有辨。

龍看裀。褥。亦是要法。大地數十里。又極闊。短者只穴前一二三四里。雖較狹。能鋪裀。褥。都是好地。

敢將禹迹來問君。固難偏閱。輿圖之上要當細論。尋龍論脈尤論勢。地勢如何郤屬坤。蓋以山川分兩界。大河大江兩源分。其中有枝濟渭汾淮漢湘水亦長源。幹中有枝枝有幹。長者入海短入垣。若論幹龍會大盡。大行碣石至海壖。（軟平聲。岸邊也。）又有嵩山（中岳）入韋嶺。又分汝潁（幷入）淮流吞。（以上分幹。皆約言之。其地名亦不必詳註。下獨詳論南幹。知公意有在也。）南幹（初）分（一）枝入（南）海內。（爲外閩。又）河北河東（諸山。）皆（向而）不背。（爲遠纏。自）葱嶺連綿入（兩廣）桂（林及）連（州、）又入（湖南）桂陽（縣北）到（大）江。邊其間（東西）屈曲分劈去。（結數省地。）不知多少枝葉。繁。又分（南海）一脈（遠）入東海（島）又（北河口）碣石（山）會。（東島）爲（一大）垣（內地）一枝（又）分送入海門。（即兩山鎖二浙之海門也。）幹龍（正結。）盡在江陰墳。（南岸爲陰。水旁高地爲墳。）若以幹龍（長遠）爲至貴東南沿海（處。爲）天中尊（矣。）如何星垣不在彼。（彼皆）多在枝龍身上分到此枝幹又難辨枝上多爲州與縣京都多是在（南幹之）中原。（若至）海岸山窮（則）風刼變（矣。）君如要識枝幹龍更看疑龍中下卷（二句泛言。結識枝幹。迴應首節。）

此節以江河兩大水推明三大幹龍分枝劈脈大勢行止已略見破軍篇內而此尤注重南幹

中卷

雖然已識枝中幹。長作京師短縣判。枝中有幹幹有枝。心裏能明目能斷。
祇恐尋龍到此窮。盡。兩水夾來、必致風蕩散。也有方州並大邑。直到水窮山
絕岸。必有低砂回抱。也有城隍及都會。深在山源僻隈畔。必然堂局開陽。若結好京都。不在水窮山僻。外
要垣氣完固。內要局氣寬平。今日君尋到水窮。沙礫坦然纏護竄。左尋無穴右無形。無
穴無形須要回轉看。回轉分枝上覓穴。又見縱橫枝葉亂。也識龍身轉挽、也識
左右砂纏。也識後山護拓、也識峽脈跌斷。祇是龍行前去。狐疑難捉穴。蓋正穴必有眞案。穴若
假時無正案。案必開面方眞。有好主必對賢賓也。到此之時心生疑。只望高明來剖判。來此
與君開一見。正龍開面。方出脈結穴。即爲纏護之枝葉亂出時、必須分。清背。面。誠能看清背面。則前後左右諸
山。無不背朝外。面向內。眞穴自在其中矣。假如兩水夾龍來。便看外纏之山那處回。轉。山回即開面。纏山
去水一齊回抱處。穴即在回抱之中。無論大小地。大抵纏山必纏水。隈。曲間回自主山護纏亦自有

大小千百十里不等。大小隨龍長短來龍長纏護亦長遠遠有千百里者。龍短纏護亦近。挨近有只數里者。大抵纏山必回轉回轉中又寬平。便成堂局。莫把明堂向外裁有低砂回處。亦宜細察。凡回轉之形必是面大地纏山數百里。回轉皆是面。皆似可朝。祇恐朝山是纏。嫌逼塞不開尋得背後左右纏護分明了然處。更就正龍落頭分晰微秒極精細處。纏山纏水均要如裔屛開面。向前寬闊又須看那邊多少寬多邊可向。後面之纏水纏山雖亦開面可向。似乎案山祇恐案在後邊。則其明堂必窄狹不寬後之山回水抱雖似面向我。然本龍是背。則浪打風吹究是崖壁寒請君來此看龍分背面水割石崖的是龍背見大龍皆然。若是面時脚下鋪毡。寬而且平若是背時、石岸壁立而陡建難以容足。面時便把穴場看堂水從寬平外緩朝眞可玩賞也。又隨龍遠水。皆縈紆屈曲。環抱入懷中來入在數里之外。不似背邊水之割脚。每致風蕩散君如識得龍之背面時則枝幹尋龍背的確有據。自無歧疑矣。但就堂局寬平山水大曲處尋穴此爲幹龍大地斷無疑又須詳看前山朝迎在何處適中。中有橫過環抱之、水如城圍護在於背邊則大地百數里水纏山回纏水與。山。回。會合前朝水前朝亦百數里於下手相。隨。此是後纏抱來結。水。口。前朝生脚相。湊。守。合兩山兩水作一近關。更看近關之外。才生羅星必先生于兩山來源較近正龍一邊則可識朝纏來路之先。後。羅星亦自有首。尾。首方圓。尾尖拖。首逆上流尾。拖。水。如此以上之法。尋穴與尋。龍。穴必不落空亡、與龍失眞蹤。矣。又凡朝迎纏護。遇正穴住處。皆回頭開面。悉住停於穴之上下、如左右。手。之均匀。的有眞龍落穴、在其正中。之處。又說。小穴單收面前橫過水者。則上或有天關。下或有地軸。皆係羅星。穴必居中。故曰住停上下左右手。

此節注重大幹正結而。言。非小枝結穴。必有正案。必分背面。必朝山遠置。必堂局寬暢。堂水緩朝。務在寬平大曲處尋穴。也。中地則亦有朝案明堂。小羅星。小關鎖。但規模不能宏大。耳。落頭。謂主龍入首。水城。謂水回抱如城。大地水城。則有目不及見。回身兜抱在千百里。者。惟就輿圖可。觀。然必先近水逐層不。背。地大力。厚。而後可。用。否則一關一鎖已足。

無取乎遠水也。

忽然數山（來聚。）逼（得數）水窮（而數）水（亦）夾數山來相從（主龍。）君如看到（這等）護送（山）上（無論）上坡下坡、（猶言上山下山、）事亦（大致多相）同。初疑上坡是眞穴（已住。）看來下坡亦藏風（聚氣。）二疑更看（一山分脚。）上下轉（抱。如魚尾砂分抱兩邊。但）山水（能翻）轉抱（來處。即皆）是眞龍（蓋緣）夾龍身上、亦（都能）作穴此處（二龍並結。）恐是雙雌雄雖作兩穴、（究當）分（別其。）貴賤分高分下更分中（穴分三等。亦由正餘分也。）

也有眞（龍穴）形無朝水祇要（下來）案山朝有禮（山特朝。水亦來朝。故）朝水案外暗循環此穴亦非中下體惟愛案山逆水轉不愛傾（向下）流隨水使順流隨水、（則）案無（情）意此處名爲破城裏（惟逆水局。案宜順關。）若是（橫順結。能）逆水作案山（則是）關得外垣無走（洩）氣（至吉地也。）

也有眞形無朝山只要諸水（瀦）聚其間（諸水聚。則諸山自拱。）汪洋萬頃（之水。聚於）明堂外內局則周圍無缺龍虎。如抱環又若鈎鈐鍵閉二星垂脚抱堂不漏洩內之穴氣、無容外之水氣來殘其傷。外陽水光如川朝海星拱辰而照入內氣則自端然龍虎相安。朝水外更有遠秀特朝。則水明山秀。其地益大。

山屬陽。陽氣凝結則爲陰。水屬陰。陰氣流行則爲陽。故謂水爲外陽。外氣殘內氣。謂水來衝蕩劫傷穴氣也。故洋朝之地。內必龍虎端拱藏風聚氣乃佳。

龍分枝幹之外、固宜分背。面背面分辨明斷處、則一切疑難均易辨。然縱饒背面能分斷。面。是寬平背。崖岸乃假如兩水夾龍來龍行屈曲、翻、身、其背面亦時有轉換。龍星一回頓伏則一節翻身背面一回轉換、則一回伏斷此背面互換處。兩邊皆有山來朝。兩邊皆有水抱岸。兩邊皆有穴情形。兩邊皆有山水案。兩邊朝迎皆足羨。慕兩邊明堂皆入選。合格。兩邊纏護山皆一般來。兩邊下手砂亦皆回彎。此山背

面未易分心下狐疑無定見不應兩邊皆可。穴地之大小豈容無貴賤只緣
轉換處結花穴、能使人疑請看龍轉身處。必有護身之後脚則疑自辨橫龍起頂。開帳出脈。與順龍翻身逆轉。則
後脚必逆轉護。若龍轉不起頂。則分枝貼身旁護。起頂而曲轉無帳。則後脚拖長直護。皆護龍身轉關也。閱歷深自知此。莫來此有護處、
便認是眞龍已住。蓋有兩水夾龍、則龍必轉面。再去。然後結穴。以大地從腰落也。故逆轉之龍有
鬼山順龍回轉。與開帳橫轉。皆爲逆轉。龍逆鬼亦逆。必有鬼山拖脚、從背後回還識得背面又識護身
鬼與穴後鬼同看。識鬼之外又看官（下增二句。補經未備。前有官星後又有座起頂開面。遠拓穴山。
何令通曰。眞爲以座辨。故眞龍備此、則吉穴堪做矣。）大凡幹龍行盡處外山隔水皆回來
相顧幹龍行盡後有以星分類之眞鬼山回轉向前寬平處探穴。龍凡將盡處。則本山大
曲而外水大轉必有王侯大地居其間也有幹龍夾水直逝更不迴頭直結爲
地祇是兩旁護砂必不同定有穴前關鎖密交締幹龍屈曲行盡、順結穴。靠後山。無須
鬼山護衛須看衆山在前。聚於何處面前衆山聚處是外明堂左右兩砂交牙、鎖住

眞。氣。隔水外山。生有落坪長脚。交牙。收水。其地亦大。如此明堂方是眞鎖結交牙誠爲貴。若交牙外。遠來大山又交牙。大貴無疑。蓋順局只外山交牙一層。地已眞。若高大遠山又交牙。地益貴。且低平前砂。交牙得水主富。外層高山交牙。富而且貴。

屈、曲、翻、身、四字又爲分背面者醒一迷途。所云兩邊謂屈曲翻身一時面在左。一時面在右。非謂兩邊齊陳也。下手是出水邊之下砂護身脚。係龍後面鬼山。藉拓轉龍出脈。非穴後之鬼也。然龍轉出脈與脈轉結穴。鬼山均須拖脚背後還。但眞龍曲轉不開帳脚只長拖作鬼順龍到頭忽逆轉脚必回抱作鬼。至穴後之鬼逆翻拓穴者固眞。逆鬼兩旁有衞護砂則益眞。無鬼能起特樂結穴亦眞。

問君疑龍何處難。兩水之中必有山。兩山之中必有水。山水相夾是機源。假如十山同聚住。必有十水歸一處。其間只面前一水是出門。外邊九山同來圍環作。門。護。似此衆山聚住。難別正從。東上看西、則見西山好。西上看東、又見東山巧。南上望見北上山山奇水秀、在於疑似間。北上望見南山位。又矗矗尖圓起峯。誠知其富。麗。君如遇見此處時。所謂兩水夾龍來。果從何而議。與君更爲細分、別先分龍格貴賤、梧桐芎藭之類。及其星峯之羅。多列少。更須參互考究龍之短長又看衆山頓伏星孰善。良。能合五吉與否。果係尊星無論行度入首。不肯爲他龍作朝見若是從龍雖兩邊同來、而枝脚橈棹必短。藏且貴龍開面出脈。必是重重出入帳賤龍則旁過斜落。全無帳衞。雖極高大。亦空雄强耳。

此節就衆山齊聚處。詳辨孰主孰從何貴何賤。最要是分別。諸法切勿滑口讀過。　又註星峯貴者開面正立。賤則側面朝人。龍自祖山開帳出脈。兩帳長遠至水口作護。正龍較短。帳後來源則正龍長又大幹護龍起峯。多是破軍。正龍頓伏。必起尊星。亦宜分辨。

十山九水共聚一場。貴龍居在正中、必異乎尋常。問君如何分貴賤。眞貴龍低昂起伏。曲折轉移。有旁若無人之概。必不肯爲他山作朝見凡有星峯去作朝開面朝人。此賤龍骨裏、其福已潛消。譬如兵吏與臣僕。終朝向主人處。跪起庭前而拜伏。那有精神得以自立身。時師不察。只說同在一關局。貴賤莫分。害非淺矣。雖是朝山及護送上。一枝一泡有龍神。豈無小穴。福力輕重、多與貴龍有分別。若龍無論貴賤。祇論長。則纏龍繞出前行者更强。矣。若徒論長不論貴。則纏龍去遠。有穴反爲良。有是理乎。祇恐尋龍來遠。易生厭斁。雖有眼力無脚力。若不窮究來源。論遠祖宗也。尋正龍頓、伏、處。便識龍之眞蹤。古人尋龍必尋頓伏。蓋緣龍至頓伏處。必生峯而曲行。峯曲轉之餘、其外去邊必生枝。作護此護。枝上前去必爲小關局。尋幹穴實難。正宜尋此小關局。正龍頓起必生枝脚。伏斷必有扛護。分去之枝。初無扛護。以後自能開帳。卽爲小關局。譬如人行適千里。豈無解鞍幷頓宿處。其頓宿之所雖未盡佳。結小局處。亦有枝葉從行、幷將卒部曲。正龍頓伏移換幷退卸、老幹。卻看其開展舒陽。眞山面從何方下。曲轉移換處。須從面看山。山回處、卻有前後迎送。亦回還前迎後送、山皆舒陽相從、便可識龍面。凡護龍身背上者。皆是纏山。愈多愈好。纏山雖去。必分脚囘轉來抱龍體。則就此四山層、層高低回抱中尋穴、尚有何難哉。試以都邑論。古人建都與設邑。先尋頓伏之處。試驗龍。闢。如公劉遷邠。文公徙楚。皆升虛高坵也、望楚與陟高巘。山岡也、此是尋頓起處將峯辨降觀于桑野、與降在平原。此是尋伏斷處下平田。度其夕陽以辨東西。揆以日午之影。則南北可分。南北東西尚無失。既測景迺岡與景高京。此是測脈氣方位。辨別。龍之行度。逝彼百泉觀水之所去。瞻彼溥大也、原觀水之所注。或陟南岡與降于胥原是徧地尋察頓伏、良非偶然。古人卜宅貴詳審。見于詩經之意旨分明與後世相傳卜地亦當如此矣。

曲轉生峯峯。必生枝。所謂山形一起一龍分也。建都設邑。惟取水神襟帶為貴。若在山夾之間。內取開陽寬展。外取纏山為衛。與來龍龍脈息無涉。然必眞龍落處。而後其餘氣所鋪。有此吉局。古人建都必尋頓伏者。則其所及。豈但為都宮計哉。周發祥地。都時己定。形家辨龍。窮祖宗。尋頓伏。則得龍關節矣。

下卷

龍已識眞無可疑。尙有疑穴費心思。大抵眞龍臨落。穴先爲虛、穴貼身隨。（易起人眼。見以爲眞。而眞穴隱拙。俗師不識。吉地所以常存也。）

此卷專爲裁穴說法。恐人誤以花假爲眞結。故先提虛穴二字。醒人眼目。無奈世少實學。雖與喚醒。仍夢夢也。

穴（之正者。同）有乳頭有鉗口。（八種。穴隨星變。前已備言。）更有（怪穴八種。落洋）平坡無左右。（要微界合前或合後。）亦有高峯下帶垂。（要二砂長抱隨帶來。）更有昂頭居龍首。（本身砂當藏風聚氣。）也曾見穴在平洋。四畔周圍無高岡。（微突起平地。低界來聚氣。）也曾見穴臨水際。俗人嫌穴無包藏。（水穴易看。濱漊兩邊纏。）也曾見穴如側掌。卻與仰掌形無兩。（坪裏穴如掌。突下窩微仰。）也曾見穴直如槍。兩水射脅似難當。（直穴尖如槍。前砂抱不妨。）更有兩山合一。氣兩水三水同一場兩山一氣合。穴後要微突。君如識穴不識怪。祗愛左右兩砂抱者。強此與俗人無以異。多是葬在虛花裏。如空窩硬頭牛皮龍背天風地劫反弓斜飛之類。葬有凶應。不但葬在虛花也。虛花穴左右似有情。仔細看來非正形。如上八種、怪形異穴人厭看。葬者如何子孫世襲官。以脈到氣住也。

祗因怪形君未識。識得以上諸法。裁穴卻無難。

此怪形異穴總不脫本龍。變穴蓋穴形有怪。而龍脈無怪。千里平洋。總有脈迹可尋。有是脈。無是形。雖形怪而實眞。徒有是形。實無是脈。雖形眞而實假。所謂認得龍神的。怪穴始堪鉞也。八怪穴每句所註。卽是作法。

識龍自合當識穴。已在變穴篇內說。恐君疑穴難取裁。好向後龍身上別。後面龍上星體是根荄。數節內特正之星體。前頭各種形穴是花開。根荄若眞花不假。蓋從種類生出來。若不隨星識根種。妄隨虛穴鑿山隈。請君熟認星變穴。爲鉗爲乳貴分推。高低平地穴。形必隨星。豈肯妄爲鉗乳。等各形穴若不隨龍星。

出斷然是假不是眞請君更把舊墳覆貪星是乳武鉗形

隨龍認穴前後與此節皆丁寧囑咐如人不悟何

州縣京國多平陽也有城邑在高岡淮甸州縣在水尾夔峽山嶺是城隍

隨他地勢看高下不可拘牽執一也千萬隨龍尋穴形此說斷能辨眞假

冀州壺口落低下蓋緣來龍輔弼爲原馬山西太原落處尖如槍蓋緣廉破龍最長建康落在平坡裏蓋緣輔弼星爲體大梁平坦古戰場熊耳爲龍星可詳亦輔弼陝西長安帝坦星外峙巨武行龍生山勢且京師落在坦局中由於貪狼夾出巨門龍山西太行走入河中府即今河內入首連生六七峯入首雖然祇見祿存山落濟源、結都處郤在回環間此與巨武窩鉗無以異祇在都城墳穴局分大小識形難

此引建都大地以爲隨龍認穴之指點大形如是穴形之小者可推矣

我觀星精在龍上預定前頭穴情狀爲鉗爲乳或爲窩穴地或險或夷平也皆入龍之相歷觀穴形無不然局之大小悉隨龍勢而無兩樣此是隨出脈結穴之流星、以定穴法不肯向人慢空誑更有二十八舍星有間星穴照間裁來最爲上

舍者穴星次舍義取二十八宿也勿泥。間者雜出星形以龍有兼戴不一。穴即有遷變之殊故又析之

大抵識星方識龍穴神龍落穴有眞蹤眞蹤入穴、有各種之形、落脈之勢。形勢眞時尋穴易不識形勢、穴法即難窮究其。左右高低、法亦未通要識高低幷左右惟有朝山識正龍高低祇取朝山定莫言三穴天人地有眞蹤千里來龍祇一穴正者爲優旁者劣枝上有穴雖有形不若幹龍正穴爲至精下分四項。承明至精處。正龍從左來穴居右祇爲回來方入首龍從右來穴居左祇爲磨轉方藏我其精一也。高山萬仞、或低藏看他左右及外陽遠近。寬遠宜高。狹近宜低。左右低時在

低處左右高時在高岡精二也正穴必有特別之朝山能指龍正穴高低但看大勢不必求他金尺量精三也且正穴當陽必有對山作朝將有將便宜爲對向穴在南時北上尋穴在北時南上望朝迎之山矗矗兩邊遮將山居中向內有如鷄見蛇俯首伸頸注目凝視對面正來不傾側穴纔方移步則將便欲斜祇將對面尋眞將將若眞時穴足誇精四也枝穴無此精矣而枝幹作穴總不外八種形乳頭之穴最怕風缺風若入夾耳旁人丁絕滅必須穴低下以避風吹護砂穴後旁有穴方不寒莫道低形爲髗裙絕鉗穴如釵挂壁隈脚亦略曲惟嫌頂上有水來若鉗頂不圓多破碎則水傾穴內必生災絕嗣仰掌要在掌心微突裏穴在中指倒處左右挨排恐非是窩形須要曲如窠抱穴下口有砂氣方不散左右不容少偏陂燕窠穴同中亦宜微突無突葬楞上偏陂不可名窩穴倒側傾摧禍奈何尖槍之穴要外裹回抱外裹不牢反生禍外山包裹轉來穴如槍左右包來尖不妨山來雄勇勢雖竭就是尖形也作穴祇要前山曲抱來鍼著正

形官不絕

隨龍認穴固是至當不易之法而看朝山看左右看外陽看對將亦是

穴証

穴法至多、(不止正形八種。怪穴八種也。殊)難以具陳(述也。)識得眞龍穴亦眞眞龍定是有眞穴(三百餘形)(勿泥。今作)多數變形穴穴新大凡尋穴非一樣(如前變穴篇。亦難盡同。須)隨勢隨形(各)合新狀(總不外窩鉗乳突。上有分水。下有合襟處。)譬如銅人(圖中。指點)鍼灸穴穴的宛然方始當忽然鍼灸失眞機一指隔差連命喪(穴亦然也。可妄作乎。)大凡捉穴在人心心眼(熟極)分明(則穴)巧處(可)尋(非分明。鮮不誤。)重重(護砂、)包裹(如)蓮花瓣正穴卻在蓮花心眞龍定是有眞穴祇爲形多難具(備也。)說朝迎護送(上)亦有穴龍穴雖成有優劣(之分。)朝山若是有穴時(雖非正對。益見)此(本身)是眞龍斷不疑(蓋凡)朝山、(勢必)逆轉、(後更特起)官星上又(另)作星峯、分別枝(結穴。)雖然有穴、(較正穴力小。究)非大器(只可)隨星斟酌事各隨其宜。勿以其小而忽此地。大凡有形穴必。有。案。山。其大形大穴如。何。斷。譬如至尊坐。明。堂。上。前朝皆列班排衙不。敢撩。亂。此正穴也。出人短小量不。寬。皆是由於明堂與案。山。明堂寬闊環抱。氣量必寬。大。洋穴則內堂宜緊狹。案山逼迫不開面。出人凶。頑。開面有情。則不見逼。案開面來降向我主出人慈。善。我主山去拱伏案、則貴人。貶。龍形若有高朝疊繞之雲。雷。案人善享年亦長。遠。主出善人高年。龍虎砂身。若遇蛤與。貍。等醜相。地雖吉。能出威權、而其勢。易。衰。可知砂形吉凶。悉關禍福。略舉此堂案龍虎。各有應驗之言、以為。占穴之定例。請君由此細、尋。推。不難預占吉凶矣。

按末句細字總束全節。自穴法至多。穴如鍼灸。穴在心眼。以至穴成優劣。均要細。究。即如大形大穴顯而易見者。非細心人近察。穴形遠覷局勢。放。開。眼。界。萬萬見不到此。末以堂案龍虎分別吉凶應驗。亦要細心辨。識。謂細。尋。推。誠宜細。也。

周家農務起后稷。[教民稼穡以忠厚開基故]享國享年延八百[仁慈悠久]。秦人[在函]關內示威權[出爭六國。悉被并吞。]吞滅諸侯二世絕[強暴速亡。]此言雖[國運之]大、可喻[地理之]小[詩言]嵩嶽降神[生]出申伯[之賢。出此而推。]大抵[名]人是山川。[之]英[氣。]天降聖賢爲時生祖宗必定有佳宅占得山川萬古靈[秀而生。豈凡庸比哉。]

卜地安親原以報親非邀福也而子孫賢愚世澤久暫悉繫其中孝慈之道無逾於此然惟大德受大地小德則受小地不德且受惡地今世降風移[余]既罕出非地之難難其人耳風會所趨何時而轉[予]日望之試言裁穴出[於八心之]機巧穴法精眞、爭[在]微秒[間。眞龍有斬關。斬亦眞穴。若是]假穴斬關莫道眞[反致]正龍正穴都差了[請看]京國[南京]丹徒之後山常有雲氣在其[龍脊]間[行至]曲阿之中有眞穴卻被[前宋劉裕皇考、]劉侯斬一關斬關之穴如倣[效]此卻祗二代生龍顏[四世八主六十年。昔]孔恭以爲[此穴]不鑿壞可以數世王無難[正龍正穴。不待言矣。]我今覆此舊墳壟。乃知垣局多回環。繞抱。周圍無缺也。

凡斬關結定有纏護。交抱方眞。故言垣局多回環。

今人裁穴多論向。更不觀星後龍上。觀星裁穴始爲眞。不論星峯到頭剝換。而妄裁穴。是必爲虛。誕。害人不淺矣。

此因前篇看朝山。看對將。看左右外陽。及明堂水口等。恐人偏執乎此。

忘郤隨龍認穴之定法。故又反覆以結之。

君知天地人三刼。刼去不回氣漏洩。天刼龍身仍去矣。分去第一峽。必受風吹。地刼

穴前有長觜。多從近身砂拖長在前。非必脣口長拖也。惟尖槍穴脣必拖。但要外裹。人刼即從向上求向前

朝遠郤堪憂。小穴堪憂。大形大穴。則明堂寬闊氣寬大。君如識得三般刼。刼而有情。地大且久。子子孫孫

福不。歇。矣。蓋天刼龍身雖去、而分脚。回。來。幹龍腰結。亦有脚回。還轉穴前闌。水。回。田砂闌回即是。地

刼觜雖拖長、而外堂之水層層橫。積。橫抱一層亦好。多抱則地益大。初下有災後。又。利。人刼朝山雖

遠置。（大幹千百里之從山。回來作朝。自多遠置。）祇要（朝歸）有情、無別。（去之）意。三劫如能辨得。（清）時。便識漏胎與洩。氣。龍有漏胎洩氣者。皆從三劫推（求）奧。秘。問君天劫如何說。天劫又去作他。穴。（初去一節。龍不開帳。峽必受風。）已去又復分。脚。轉。闌在面前看。優。劣。（正穴優。去穴劣。）水去五六里。還。回。悠悠揚揚復。轉。（向穴）來。水若回來山。（脚）即。轉。信知天劫不爲。災。地劫穴前原有。觜玄武觜長正謂此。（俗言）退田筆動（即順水砂。）土牛走。（即載棺之穴土。）其實玄武長而巳。雖長山下水。橫。闌。（愈多愈美。）地劫翻然增福。祉。人劫當知向上招。面前空闊見遠。朝。（遠如）隻隻直來（有面。）若（或）橫。（岡長）抱。（在前。下增二句。補經未言。）有情（向穴。朝山）爾遠福。爾饒。（小地無此。）賓主遙遙聲。氣。應。（朝抱有情。遠山亦能相應。）信知人刼不爲。妖。龍髓經中究至理。漏胎洩氣如此爾。

天劫洩本龍陰氣。人劫洩本龍陽氣。地劫則本龍漏胎。俱非吉利然使

天劫分脚回。抱。（近者水回穴前。遠或數十百里。水回水口。）地劫前有水闌。（近闌一二水。遠闌或多數水。）人

劫特朝有情。近朝可見一二層。遠朝不見。或無數層。此劫不惟不凶。且係大地。非閱歷深。不及知也。

高註以此爲後人所附。非楊公手筆。然閱大地。多有此劫。句句合符。洵非公不能道此。

疑龍經終

附青囊奧語

楊公得青囊正訣。約其旨曰奧語。以玄空之理氣。用五行之星體。而高山平地之作法。已該括於其中。非得眞傳口訣者。索之章句之末。終不能辨。謂之奧語。眞奧語也。以下只錄五節

坤壬乙巨門從頭出。艮丙辛位位是破軍。巽辰亥盡是武曲位。甲癸申貪狼一路行。

姜氏曰。挨星五行。即九星五行也。貪巨祿文廉武破輔弼。原本洛書九氣生成之位。一一挨去。故曰挨星。玄空大五行。亦卽挨星五行。名異而實同。萬古不能易也。夫九星乃七政之根源。八卦乃乾坤之法象。皆天寶地符。精華妙氣。止是天地流行之妙。與時相合者吉。與時相背者凶。故九星八卦。本無不吉。而有時乎吉。本無有凶。而有時乎凶。所以其中

有趨有避眞機妙用全須秘密耳奧語首揭此章乃挨星大卦之條例坤壬乙非盡巨門而與巨門爲一例艮丙辛非盡破軍而與破軍爲一例巽辰亥非盡武曲而與武曲爲一例甲癸申非盡貪狼而與貪狼爲一例一例猶一類也此中隱然有挨星口訣必待眞傳未可推測而得山有山之挨法水有水之挨法穴有分穴上穴內之挨法所以此四例註謂非盡巨門破軍武曲貪狼也蓋挨法有一定而起星有殊耳直解洛書九氣上應北斗主宰化育無形可見而無形之氣爲天所行也有形之質爲地所行也一二三四五六七八九即大五行爲天行氣爲地行形之次序故名之曰大玄空此五行隨氣變遷隨運轉移天心一動九宮便更名非有定氣隨星分故註有非巨門而與巨門爲一例等語知此則下卦起星之訣定卦分星之奧曉然矣

按挨星條例此止十二條倘逸其半故逸語有子未卯三山祿存到戌

乾巳文曲共廉次寅庚丁以例作輔星午酉丑右弼七八九。明謂不皆九也。露此一句。可概其餘即此而推可知一白甲癸申只癸是一。二黑坤壬乙只坤是二。三碧子未卯只卯是三。四祿戌乾巳只巳是四。謂共廉次是廉分寄於巽乾六白辰巽亥只亥是六。七赤艮丙辛只辛是七。八白寅庚丁只寅是八。九紫午酉丑只午是九。以上中下分三元而各爲互文也。上下二元。各有三位。同在元中。均可通用。獨中元二位。巽四乾六。坐在對宮。雖屬同元。對宮爲煞。不能通用。故巽四分寄於上元。乾六分寄於下元。一卦管三字。一字不可通用。切勿爲經中互文見意者所誤。

第一義。要識之有形龍身行與止。必地有止形。然後相時度位。可求無形之氣以爲用第二言來脈係何卦。明堂係何卦。雖非如子脈午堂在對卦。均要各乘生旺氣。不可偏廢也。第三法傳送功曹左右二砂。不高壓。主山。蓋眞龍到頭。主起頂必高於砂也。第四奇明堂十字乃裁穴定向。及上下左右。偏正饒減之法。必排合生旺以定穴。

眞有玄。微。（之妙。不易知也。）第五妙。前後（纏護有情。）青龍（白虎）兩（皆曲抱。開面）相。照。（此法易知。）第六秘。

八國（高山爲城。山不滿處。衆水皆從此出口。爲）城門、（以通正氣之出。而八國鎖之。看其鎖定之方。係何卦位）鎖（住生旺之）正。氣。

（乃爲合法。）第七奧。要向（穴內）天心（分清卦氣。仔細）尋十。道。（方知入穴正氣。廣狹輕重之有辨。以上二句。耑言穴中測氣。非謂形勢也。）

第八裁。屈曲流神（水法固好。然有合與不合。須細）認去。來。（二口。及現光處。俱合生旺。方可取用。須要裁度。）第

九神。任他（脈來）平地與（高入于）青雲。（均須合上八法。）第十眞。（以上八法。）若有一缺（即有缺陷。）非眞

情。（矣。高地平山。無二致也。上八句各有一義。末二句公蓋叮甯以囑。昭其愼也。）

以上十節。總以龍眞穴的爲要。龍果眞。穴果的。自然處處合法。龍穴不的。外面空有萬重山矣。

二十四山分五行。（須）知得（山向水之）榮枯（及）死與生。（知則有定矣。然）翻天倒地對不同。（無一定之法。有用於此時則吉。用於彼時則凶者。時有不同也。用於此地則吉。用於彼地則凶者。地有不同也。蓋）其中秘密（之理。全）

在玄。空。（非傳心不可也。）認龍立向（之法。一一）要。分。明在人仔細辨（得運之）天。心。天心既辨、

則穴中所收之正氣已足。穴又何。難。而攙其權者。穴前所放之水也。但把向中及放水看。苟穴中所向之氣。挨得生旺。則從外生入名爲進。神定知財寶積如山。同一穴向。得運時挨得生入者。運退卽爲生出。若挨向衰敗。而坐山挨得生旺。則從內生出名爲退。神。家內錢財皆盡廢。穴中既有生入向氣。而水旺零神。又在正運衰敗方。是水剋入、適所以生我也。內外之氣。一生一剋。皆成生旺。則卽名爲旺。兩美相合。諸福咸臻。子孫高官盡富貴。異乎常矣。此中正有對不同者存焉。

二十四山知得何山當順推五行。何山當逆挨九星。卽知生死榮枯矣。何山順。何山逆。有一定之氣。上下異元。順逆卽轉。又各山挨論星隨山變。無一定之位。須參與天時轉徙。與地卦推移。各有一陰一陽。隨時而在者也。曉此隨在之陰陽。穴中分陰陽。定五行之訣可得矣。山用正神。水用零神。穴坐滿。向宜挨星旺。穴坐空。向取正運旺。向是內氣。水是外氣。外氣宜衰不宜旺。正運以言也。

按挨向生旺。總宜來脈運生。旺。零水衰敗。則宜挨星遇生。旺。脈以入首來處爲。準。水以進口出口及放光處爲。準。照此取用庶無差誤

知天地化育之氣。生剋制化須熟。記。生旺之氣爲生。衰敗之氣爲剋。扶生旺之氣。勝衰敗之氣。是爲制化。此節兼平地而言。

按龍以生運爲。生。水以剋運爲。生。龍不得令而水合運則旺水以制。龍。水不合運而龍當令。則旺。龍以化水然非勉强制化之必由卦理自然配。合。所謂生生妙處尋。也。

說山之五星土方金圓火尖木秀與水曲俱要分明。不稍混雜也。曉旺宜高衰宜低。星峯高低。各具五行。須辨宜高宜低。各合得玄。微。得挨砂之妙也。眞龍轉結背後必有鬼、與蓋龍左右。龍虎必生曜。此眞氣直衝向穴。兩旁餘氣帶轉。向外張也。生是穴星來脈。而死是鬼身去脈。一去一來、眞有要。妙。總在龍眞穴正。則處處皆眞也。

向中放水。關係緊要。不論去來。生旺當令。則來去皆是有吉、若逢退運休囚、來去皆凶而否。公因向上之水。最易

誤人。故特辨之。

凡向上之星。挨得生旺爲。要。歌云。向首一星災福柄也。無水猶可。有水來去。或有水聚。或見水光。或合成三乂。此謂之玄竅。又謂之城門。最關盛。衰。宜加意細察。也。重在玄空得。失。不重水之來去。然來去人所易曉。生旺休囚。世所不知。

附寶照經山龍篇

貧賤安墳富貴興。全憑龍穴眞。龍在山中不出山。脈如絲綫。卦在大山。間。老化嫩枝。

若還砂曲抱主星辰正。堂局收得陽神定。斷然一葬便興隆。父發子傳榮。

此言深山老幹嫩枝穴。龍穉局窄。往往易發易衰。護砂要高。大忌凹風。

好龍脫劫出平洋。百十里來長。離祖離宗。有相應之星辰出。此是眞龍骨。前途分枝節節出兒孫。文武在脈中。分。正龍直見大溪方住。手。四面諸山皆不。走。個個回頭向穴前城郭要周完水口之山威武亂石堆水中此地出豪雄若得遠來龍脫劫發福無休歇穴四正見陽神水三摺朝四維則三層環抱此地出官僚局果完全不問三男幷五子富貴房房起朝水津湖溪澗同此看水主財須合運衣祿榮華斷大水大河水口齊到處內有千里來龍住又有水口羅星鎖住門似大將屯軍之威亦有小山棋布如屯軍若落頭出洋之處定有高大一星形非火土即金星正脈落平三五里見水方能止穴已落洋二水相交不用砂只要石如麻使水不能劫更看遠水口有峽石高山鎖密密來包裹此是軍州大地形細說與君聽

此言大幹傳變出洋盡結之穴龍老局寬往往遲發而久長山龍之法大略已備於此

尋得眞龍到頭雖兩旁之龍虎砂背向外飛去穴中不見非其病也正靈氣發露者但要面前水城曲屈抱身歸又有前朝旗鼓馬等吉象遙相應穴自然吉然砂情向外人事亦應之下後必主離鄉發達子孫著紫衣

蓋仕必離鄉也。

此節專言山上眞龍。氣勢行急之象。龍行急。則龍虎之隨亦急。故致砂背逆回分飛。

附寶照經水龍篇言穴前後之形局吉凶者。

乙字形曲水纏繞在穴前。及後。更得下砂收鎖回抱穴下。則穴自天然。能合陰陽之氣矣。其當中水又九曲來朝穴。曲水悠揚長遠。潴蓄於前。水爲財祿。定主斗量錢。若分兩畔朝歸、會於穴後。歇定然龍在水中蟠。此龍最美。其流若有聲瑟瑟洞洞者。名爲數錢水。貴主催官上馬到御階前。此水亦至貴。

此節專言平洋砂形水法之至美者。

安墳最要看中陽。團聚。寬暢以抱明堂使水聚入於囊。出兩夾之中、結成曲折玄字樣。向穴朝來、形如鸞鳳舞呈。祥。外陽外堂水也起眼、抱穴有情。人皆見。形如乙字彎身抱同玉帶。

長。更有內陽內堂之水、坐穴後空之妙法。合得神機出向處、在能覓仙。方。所謂龍空氣不空。城門一卦之得與不得。均非仙術。不及知也。

中陽外陽內陽。即內堂外堂玉帶乙字等。論形局砂水之至美者。坐穴必求妙訣。方明其向。則坐法無差矣。內外水法。總以止蓄團聚爲佳。水法團聚。止蓄週迴。自然相向有情。脫劫出洋之山龍。皆如是觀。

水直朝來係木火格。最爲不祥。有以殺氣無生氣也。一條直是一條鎗。兩條並朝名爲插脇水。三條云是三刑傷。四水射來爲四殺。八水名爲八殺殃。直來又反去爲拖刀殺。徒流客死少年亡。時師只說下砂逆。關。亦能化凶爲吉。那知水禍來極速、怎堪當。受即塋明路街有如此樣。陰陽二宅。亟宜遷改免災殃。水形必取金圓水曲土方。天元歌所云若應三垣者。即貪巨武三星。以應金水土三吉也。

此節極言直來凶格。縱來朝。亦有殺。況諸路交馳。漏風沖洩。旺元猶可。

衰運無嶕類矣。路街田塍冲射亦忌。有則改之。以免災殃。

前水來朝又擺頭、淫邪凶惡不知羞。乾流自是名繩索。自縊因公敗可憂。

此曲水凶格。水固以曲爲吉。然須節節整齊。乃合星格。若似曲非曲。似直非直。擺頭斜去。及如繩索樣。不拘左右前後二宅均忌。

左邊水反長房死。右邊水射小兒亡。水直若然當面射。仲子離鄉死道旁。

東西南北水射腰。房房橫死絕根苗。貪淫男女風聲惡。曲背駝腰家寂寥。

左邊水反長房死。離鄉忤逆皆因此。右邊水反小兒受。風吹婦女隨人走。

當面水反中男當。斷定二房有損傷。左右中反房房絕。切忌墳塋遭此劫。

以上數節。雖義淺而詞鄙。而其應甚速。以其切於用也。惟公位不可盡拘。

穴前一水裹頭（則陽不舒展。致穴無餘氣。）名斷城。下之（得令或小發。終）未爲榮。兒孫久後（必至）

房房絕。凶莫甚焉。若另有一枝小水流到穴前。而下砂又有收關。則接水星秀。反主興發。以逼狹之氣由枝水導引而通。愈通愈暢。故凶可變吉也。

形雖環抱。狹而帶淺。左右前後。毫無闊狹生動之意。名斷城。又名裹頭。此穴前不舒。陽氣最易敗絕。似吉非吉。故特辨之。

穴前茶槽之水。硬直深坑。全無動意。實堪憂也。切莫作天心會堂之陰龍水、一倒例而求。堂局寬曠猶可。若近水急葬。則穴前太逼、直水割脣脚。不見榮兮反見愁。

堂水止蓄團聚。照穴有情。謂之陰龍。此水宜近。近則得神。茶槽直硬去不回頭。謂之劫龍。此水宜遠。遠則脫殺。切勿誤認而遠近錯用也。若小水順出大水逆朝。名救貧水。極吉。

玄武水本吉。若擺頭而來。則體有多般。宜辨純雜。以定吉凶。未可慳然執一端。論之。或斜或側或正出。其形不一。須憑直節對堂而安。方爲玄玄吉水。倘如擺頭而曲來。又直出前去。是即爲分龍。須

（看來是何脈。去是何脈。細細推詳）取（得）何家龍脈（之眞）蹤。（以便下卦定穴也。若）大山（即大水、也。）出脈、（則非一宮之氣。）

（中宮與左右不同。須）分三訣。（看法。）未許專將（坐宮玄武。）一路窮。（究也。論坐脈精詳。搜剔無遺如此。）

此言穴後之水曲直向背情狀不一。要與穴前同一排算。故曰對堂安也。

（洋穴後宜空。異於山穴後宜高。）家家墳宅（概喜）後高懸。（或築墩。或圍牆。作爲後托。不知掩蔽陽光。致）太陽不照（而）太陰偏。（臨。生機斬絕。）必主其家多寂寞。（連人口亦伶仃。）男孤女寡實堪憐。（可不戒歟。）

此言平洋格法。若山龍之穴。則以後高爲太陽正照。後空爲太陽失陷。要在未立向以前。先按其山向。排其五行。當空則空。當實則實。所謂龍空氣不空。龍實氣不實也。大抵以地氣爲主者。後宜高。以水氣爲主者。後宜低。高一寸爲山。低一寸爲水。後空後實。要在隨地適宜耳。

以上九節。首節言山龍。後八節言平洋。皆論形局也。

凡水法九星。曲者爲貪水。直者爲木。方正爲巨土。環抱爲金星。又直而尖爲火。圓而方爲輔。蛾眉形爲弼。有情爲吉。無情則凶。故貪武輔弼巨門龍。形局已吉。方可登山細認。蹤。認得形局方位均吉。則無論水去山朝皆有地。去水可向。必水短闊。下砂兜抱。方爲合法。不離五吉在其中。

此與下節。專辨峯巒形局之吉凶。必山形水勢星體巒頭皆吉方登山細認。乃尋龍要訣既便而捷且省登山涉水之勞所云五吉即兼貪兼輔之五吉謂形局既合再查水來去處。果合補救出煞之用則來固吉。去亦吉矣。

破祿廉文形象凶惡之龍。山洋俱忌。世人墳宅莫相逢。若然誤作陰陽宅。縱有朝拱奇峯到底凶。

向水之穴。本山來龍立本元旺氣到山之向。即爲返吟伏吟其凶禍難當。又本卦納甲干支。皆返吟伏吟。係淨陰淨陽。山龍吉。洋龍凶。主自縊離鄉蛇虎害。作賊充軍上法場。明得龍體金水土之三星、掛氣天元取輔。人地兼貪之五吉、即有天然之向。可以不犯本宮。而轉禍爲祥大吉昌。。矣。

細按兩向字。反吟伏吟。由向而起。五吉亦由向而起。地之吉凶。其權在向也明矣。權在五吉也更明矣。苟曉五吉三星之妙。理山水分用之要訣。方知在山爲本山。在水卽爲十道。用得爲三吉。用失卽是反吟。在水爲三吉。在山卽是本山。細揣數語。自得五吉三星補救直達之妙用矣。

龍眞穴正誤立本宮向。則陰陽差錯。不和。必至悔吝生。幾爲奔走赴朝廷。纔到朝廷帝卽怒。形緣師不曉何卦龍當立何卦之向。墳頭下了差錯之向。以致剝官星。也。剝官星。卽上言本山本向。反吟伏吟之故也。正是上山下水。顚倒誤用。官星受尅所致。

蓋地理雖以龍穴爲重。而立向坐宮。又穴中迎神引氣之主宰。若不清潔。如玉之瑕。不成美器矣。何可不詳審也。以上二節言平洋理氣。不可誤用。

先識（山上）龍脈認祖宗。蜂腰鶴膝是眞蹤。要知（平洋）吉地行龍止。兩水（大小）相交夾一龍。（不在峽上看脈也。總要）夫婦（配合）同行、（斯爲）脈路（純而）明。（如於此宮不合。又當別求一宮。）須認劉郎別（宮）處尋。（求其配合。方可立穴。）平洋（以）大水（行龍）收（入）小。水。（結穴。其精液皆注歸小水。以陰穴氣。則）不用砂關發福。仍（然矣。若山龍大地。有）水口（巨）石似人物形。（關闌水口。雄峙一方。）定出擎天調鼎（之大）臣。（應驗不爽也。）

龍（在平洋。形）若直來、（只）不帶（欹斜死硬之）關。（煞。此四正之）支兼干出是福山。立得（合龍合運之）向無差誤。催祿催官指日間。

此以四正爲例。其餘自在言外。非位位取地支也。不論干支。用得安妥。皆能發福。不可因其形直而棄之。（大玄空生成圖。一坎甲。九離庚。三震丙。七兌壬。故云對甲庚壬丙水也。四維則乾六辛。巽四乙。艮八癸。坤二丁。二四六八。與七九一三陰陽配。故向對之。）

乾（六）坤（二）艮（八）巽（四等來）脈過凹。節節同行不混淆。（雜亂。兼辰戌丑未亦可。是其內氣已純。）向對玄空卦一坎甲、九離庚、七赤壬、三碧丙位水。即合一六二七三八四九催水。兒孫列土更分茅。分封藩國也。四仲之山屈曲過脈、節節整齊。夫婦同行。不帶偏倚關煞。能三節山水純一不雜。體用一卦。同到前來。其應不差。可斷定三代出官貴古人準驗無虛言。

上節言直來不帶關煞猶易。此節言屈曲而求其不雜則難。果能去來屈曲。仍能不偏不倚。一絲不亂。自有列土分茅之貴矣。

格龍之法。只要兩三節不差錯。則卦氣已全。勿多求于四五節之外。恐人拘泥太過。遇著好龍。當面錯過。但此兩三節。定要清純。若到頭節數。略有勉強。不能無誤。當知其難。其愼也。

一個星辰一節龍。龍來長短定枯榮。如能孟仲季山均歸一路。無雜亂。大貴之地。數產人龍上九重節數不亂多時富貴久。一代風光一節龍。山穴外朝水。曲折而來。有十數里歸一路。毫無雜亂。其富貴亦久。

以上五節皆言平洋大五行之法。水一曲一折。便爲一節。凡曲動處。水之情形。總以相向抱穴有情者爲佳。如龍來長短。正謂愈曲而愈妙也。但曲多則易於夾雜。如果曲曲折折。或孟或仲或季。均歸一路者。大貴無疑。世代久暫。都在曲折純雜向背上占驗。

附天元山龍歌

崑崙高頂九霄中。此是中天泰帝宮。海外三山幾萬里。總與此山脈絡通。陽脈東南來震旦。如人正面向離風。故生聖哲來華夏。迴與肩背不相同。大幹三條分主輔。三條各有帝王龍。帝穴龍神五百里。若然百里作王公。但有特龍來數里。亦許功名鑄鼎鐘。

概言天下三條龍脈大致。五百里百里。總在格龍定卦。出卦入卦上考究。如庚丁從坤轉。乙丙從巽轉。甲癸從艮轉。辛壬從乾轉。但脈分陰陽。

轉亦分左右。是有一定之理。以御變動之龍者。又先後納甲。及天地水火雷風山澤等。亦有可用以格龍處。

欲識龍行先識起。祖山。龍若起時勢無比。高山萬仞削芙蓉。千里層巒皆俯視。此龍多生木火形。他形間有。放下羣枝行八際。一枝一葉有龍神。正龍端向中央去。以下刪去江南大勢六句。山形一起一龍分。數起數分龍力益尊。龍神分去非無穴。正幹偏枝力不均。

大幹將盡數節。分枝亦大。以幹龍脫卸淨盡。化老爲嫩。如花木透頂。都結碩果。與山龍根本上抽出嫩枝結果亦小者不同。但分枝短。發福亦短。不及幹長福亦長也。

看龍看起復看斷。凡屬正龍斷復斷。乃有精神。斷時。長者百里失眞。蹤。穿江渡海情無限。極形其遠。勿泥。斷處必有迎送。山根委曲地中行。不見手足頭面。必將玄空捉穴。才可立穴。不是仙人誰着眼。。

識得斷龍方識結。結穴玄微(即玄空理)。最難說。世人求穴近大山。且要案山龍虎夾。豈知大山龍未歇。縱有窩藏反走洩。眞龍(穴即在山)。偏結(前近)曠野中湧躍奔騰、(從龍不及衞護)。不怕風。(吹。以出洋力大也。低砂及遠砂亦有。)饒他落在深巖裏。也要平坡萬象空。(大山中開洋。四圍抱無缺。)好龍勇猛向前奔。從龍不及過關門。譬神駒日千里。難將凡馬望其塵。亦似三春抽嫩筍。從龍如韁抱其身。一朝雷雨干霄長。節高韁落不相親。時師只怪無龍虎。眞龍眞虎穴中輔(左右有界水及低小之砂)。會得天然龍虎時(一任)浪打風吹、皆(是)樂土。。

脫刦出洋穴似孤露。然兩旁亦有低小砂水以淸其氣。中間脈到即是天然龍虎。任浪打風吹。反成福地。

龍神隻隻顧祖宗。(須有後纏。愈多愈好。)如子戀母兩相從。若不祖山爲正案。另求特案配雌雄。龍到案止。百里眞龍百里案。賓主威嚴眞匹伴。莫言作案之山非龍。見但是高峯都不賤。 言眞龍相朝相顧自然之理。

辨穴先須辨落脈。落脈乃是穴消息。項上生峯脈頭角。兩旁開帳脈羽翼。粗枝出細好花房。老蚌生珠光滴滴。也有好龍到頭無脈看。高岡平阜只粗頑。彼處祖龍多開帳過峽脫卸已淨。數節之前骨相完。全也。大率眞脈有二種。連脈飛脈精神迴。異連脈眞蹤在本山。飛脈他山復一湧。本山定是結垂頭。穿穴。渡至田水他山拼作拋珠弄。起穴高結。且飛脈近。穴不嫌土。飛脈遠。穴後必石。近山飛脈不嫌土。遠山飛脈石中數。若無眞石盡浮泥。恐是人工所爲。難証取。穴也。飛脈敎君求盡結。眞龍大盡是眞穴。

上有節去數句末又添二一句。以盡其義。脈中變化。脈內精微。此章盡之矣。

與君細論石中機。石是山中骨髓脂。時師只怕石無穴。誰道眞龍石始奇。眞鉗眞窩石內藏。眞龍眞虎石（生於）兩旁。識得（上）枕棺（下）龍口（之）石。（是乃）千山玉乳灌心香。結穴之石（於）此中推。行龍石脈、穴（之）胚胎。不審其中玄妙理。滿山頑石豈堪裁。試言結穴有二品。石穴（柔脆可鋤。知色宜紫白。）土穴（堅潤細膩。色以紅黃爲上。且重倍常土者最佳。）貴相準（平）石穴端的是窩鉗（亦有土穴。）愼莫鑿傷龍骨損。土穴太極暈中。包（開取）內象分明（有暈。）外象（則隱約不易見。）窩鉗（中或石化土。可容穴。）土之色（可）不須論。太極（土穴。外內）重輪（須要）仔細尋。眞土原來石變化。（故多有土似石。）不同凡土（卽是。或有）五華紋（亦不必拘。）世人鑿穴但求土。（俗師盡然。）若逢凡土枉勞神。（勿藉土色以欺人也。況屬凡土必粗必鬆。決不結地。）

（凡要詳其來。知其止。眞止穴前。必有水交。不必問其是石是土是何色也。）

問君下穴有何法。正龍正下是眞訣。時師只說冲腦門。每向龍旁尋倚穴。精華走失發不全。左右偏倚房分絕。也有眞龍（落在）偏側。定龍是（從旁）側來、穴是入於正。此時龍神一轉頭。上結頂下垂唇、必然巧相稱。言下穴之法。語君結頂是眞訣。披肝露膽向君說。龍不起頂、則脈無个字。便非眞龍。穴不起頂、則後無分水。必非眞穴。結頂名爲結穴。眞穴星圓潤產眞金。若尖突卽是煞眞龍大地皆同體。遇着眞金莫放行。去也。亦有穴星兼四曜。窩鉗乳突也。總不離金體是眞精。

此卽穴上宜乘、金之義。

識得眞龍與眞穴。天機造化任吾奪。不得眞龍眞穴時。我師更有方便法。正龍身邊。傍枝傍脈果有來情處。只要穴後生一。圓平突。穴前必有合襟微水。緊粘突下作穴星。此法名爲接氣訣。接法最微。須要眞的。亦有眞龍向前行。腰間脊上有三停湊着龍身下一穴。此作騎龍斬氣名。高結騎。低結斬。小龍亦有。地大則來山後纏。去山回抱。各五六層。眞龍穴前餘、氣、本非穴撞背來時。水未合襟。其氣未絕。可穴。亦有龍旁一脈垂。近在本山。遠在平田。是號流、神、皆可發。福也。

橫龍背後。亦有枝龍直去結穴。名撞背龍。流神即閃龍。自上而下曰流。

上言案上可葬。傍枝傍脈。腰間脊上可葬。此言餘氣流神亦可葬。徧地盡成黃金陌。要惟有德者默合其機。實有天也。

囑君受穴緊中。粘。莫嫌湊煞出穴星毬。簷。頂圓曰毬。穴蓋止處曰簷。得龍脫脈則眞元之氣散。穴必受水乘風、禍不悛。止矣。切戒切戒。世人不重祖父墳。只看花開不看根。祖墳是根。僧道傳徒、乳母養子、且相應。驗至。繼子外孫、尤如嫡親。八于巽母。葬凶必應。宜知所懼。更看屍骸寒與煖。歲久骨枯取效。必緩。惡山惡水倘曾埋。雖改吉葬。銷盡陰霾凶煞氣方。能轉。發益緩矣。初喪新骨天靈。完。全精髓不枯燥。葬乘生氣之地。如朝花。鮮。更遇嫩山并嫩。水。生旺爲嫩。衰退爲老。一紀之內錦衣。旋。兼將宅氣來相。輔。卑田院裏出官。班。水葬旺運尤速。但運退即速敗。

勸君大地勿誤求。大形大局少根由。縱有千山並萬水。與他穴氣不相投。

一枝一泡山龍。眞一鈎一曲水龍。神。肉眼只嫌結局小。個中生意滿乾坤。

恨煞時師不識眞。常將假局誤世人。豈知吉地方方有。取之不禁。用之不竭。只在眉頭眼下尋。有眞眼者。開目卽睹。何必延師遠尋哉。

以下指出諸穴忌格

第一切忌下空、窩。空窩積水寒氣。多葬下淤沮骨腐。爛。子孫絕滅可奈何。

凡有水淋生大。咎。左淋長子先不宥。右淋小子少安。寧。當背淋來皆莫救。

飢中無肉。必有水淋。故凡土皆可葬。惟空窩不可葬。

第二切忌下平、坦。後無貼體星。如嫩坦牛皮。穴中平坦眞情。散。坐後全無微突作貼體星。

平波漭漭蕩蕩並無分合龍虎。雖有案對。總要生憂。患。決不可葬。

第三莫下天、風、劫。高山頂上空無。穴高而有穴四圍夾護高。或開口中乳突深藏。則不爲空。

若毫無藏穴處爲天空、眞是劫。煞。八面風搖骨作塵。失運凹風。卽吹一面亦凶。此是風輪不饒人。

第四莫下龍脇、背龍向他行氣不聚。縱然後高不虛空。牆頭壁下無生氣。

如壁上掛燈穴。牆上草珠穴。則必有眞機。

以上四忌確有凶應。或祖墳尚吉其應稍遲。

附天元水龍歌

天下平陽大地多。平陽龍法更如何。世人盡說平洋訣。都把山龍溷揣摹。

山形來路有根源。大地平鋪一片氈。首尾去來無定所。分枝道脈不須言。

莫把高低尋起伏。休猜渡水復穿田。山是眞陽神在骨。地是純陰精在血。

人言生氣地中求。豈知生氣水邊流。流到水邊逢水界。平原灝氣盡兜收。

結穴也。

平洋以水爲龍。與山龍來脈迥異。流到水邊二句。將水龍格局一提其綱。

水龍原不異山龍。將水作山以類。從。水龍即是山龍樣。枝幹分行事事同。

大江大河幹龍。形。小溪小澗枝龍。情。幹水漭蕩少眞穴。猶如高山無正結。

枝水屈曲情相得。譬若成胎有落脈。幹山到頭。亦抽嫩枝屈曲。其情四面相得。

此言水龍行度入首與山龍枝幹落脈格法一體。

山性木火主炎上。水性純水主潤下。炎上高起是眞龍。潤下低蓄是朝宗。

山穴後高丁祿盛。水穴後高絕無蹤。

眞龍是龍。倘不是脈。朝宗是宗。且不是祖。脈之前方有息脈。祖之下方有父母而後可言交媾陰陽也。

自上而下山之。止。自外入內水之。止。山來多止止求眞。氣止水交。水來多止止貴。神。屈曲活動。凡是止形皆可穴。頑山頑水盡黃金。

山以高處爲祖。故氣自上而下。水以深處爲宗。故氣自外入內。須認得形理皆止處。則頑山頑水可扦。其元關在此。

我有水龍眞要訣。水行有轉是眞結。直龍直去龍之僵。有彎有動龍之活。一轉名爲抱穴龍。抱穴富貴在其中。二轉三轉貴不歇。四轉卿相不須說。轉處不分名息道。轉處分流名漏道。惟有息道是眞龍。漏道多轉總成空。轉水不漏皆堪穴。不必止處求盡結。盡結原來是龍頭。轉處腰腹亦兼收。龍頭偏側俱精妙。腰腹完全力始悠。

一轉字。是水龍取穴眞機。轉而不分。并無暗口叉港。則水龍成而眞穴見。

求全不用水來多。一道單傳養太和。更有複沓龍從外護。愈多愈美酒添酥。雖聚羣龍來輔佐。還從近穴一道作龍窠。

一道單傳是枝水獨見環繞。沓龍外護。是枝水在中。幹水在外。或有數枝水以助本身之力。而愈助本身之氣。則內醇外肆。力量更大。故曰愈多愈美。而仍以一道作主。羣龍來護爲佐。切勿誤認。

別有雌雄兩道。交交時卻似馬同槽。此是水龍奇妙格。相吞相戀福來饒。

兩河交氣。不是漏道。故云奇妙。兩面尋穴。非必穴在中也。中亦有之。

水龍亦有穴龍星。五曜時時現正形。五曜只求金水。土。木身有轉土之情。直木尖火皆最忌。水形吞吐露金精。若應三垣并列宿。官階職品最分明。但取穴星親切處。不離金土蘊眞靈。

水以金水土三星爲吉。以直木尖火爲凶。木須有轉。則化成土。火可截角裁火成金。若對面尖來。雖截無益。

五星論定穴應裁。三法千秋慧眼開。坐水騎龍爲上格。挾水倚龍亦佳哉。

向水攀龍非不美後宮有蔭水始無衰掛角穴并兼上三法定總莫親漏道損龍胎

三法以騎龍爲上倚龍有法若不合法便不可倚攀龍易葬然歸本於坐宮有水掛角有似於倚而葬法頗難當以三法爲正不可誤下漏道

龍胎雖曲而固稱人心但遠水安墳死氣侵貼着水痕扦胎肉陰陽交度自生春

十丈河形十丈衡遠近以水爲衡故大水宜遠小水宜近穴高處宜遠平處宜近

平原春到好裁花故挹注分盈虛虛則氣脈踪眞水短時結氣短眞水長時實可誇長龍定主源源貴短龍只許富豪家橫過平氣不如曲抱環氣足龍逢轉動始發萌芽更有一端分別處淺深闊狹辨龍車

眞水長短可知福澤久暫。淺深闊狹可驗富貴大小。

水若有轉。謂之乘車、轉多不分。號秀龍。轉而有分。即謂之空車、又湖海漭蕩是痴龍。苟得天運、雖痴龍猶富貴。空車則不可用。又要外蕩氣淸、內氣來止不雜。與外要一氣相通。或又帶轉而秀、雖是痴龍力量較大。尤能顯赫。不然、痴龍可從後作陰神。其福無窮。不可用於前朝也。

此言湖蕩幹龍格式。

平陽祇把水爲龍、又得後繞前朝則氣脈鍾聚。但水與穴地嫌太闊大、則致元陽。之氣。散。漫無收。須浜漊小水。曲抱有情。是爲珠宮。富貴可必矣。

從來水路後天成。不同山骨先天生。山骨補培或不應。水脈疏濬、卻能引眞情。當年無着師有修龍法。修着之時、旦夕即有靈。莫道人功遜天造。江淮河泗禹功平。

此言水龍修補之法。

此以上皆論水龍巒頭體格。以下論理氣用法。

水龍剖盡形局、骨生香。而其入用元機、則不可。測量。後天八卦之位分別。三元並九曜。
若使毫釐舛錯、即易落空。亡。問君八卦如何。取。用後天方位。依洛書戴九履一左三右七二四為肩六八為足之大數、實即先天。一六二七三八四九之定矩。自古五帝三王緯地之書。照洛書數。分定九州九井、多費經紀。而成。定穴亦然。只把正與旁龍、以天地人分卦。專用一卦。裝。在穴。隨地制宜可也。莫憑俗術、兼用
三八分條。理。水龍與山不同也。果能識得上中下分元之九龍、依運取用。龍骨。極眞。自然發福。骨若出元不眞、則九星便飛不。起。取局雖是。下穴則非。災禍所不免矣。
九龍八卦貫乘。生旺時。上下三元各有。宜。葬着旺龍當代。發。葬着同元之平龍發跡。遲。葬着異元之死龍憂敗。絕。山龍亦然。但與水運處處反覯。縱然龍法合格、亦難支。持。必有凶應。此不是必取八龍齊到穴。但遇出元之局、切莫相依。。
乘時二字。即易云時乘六龍以御天之義。六龍者。山以同元為平。合五為生。當令為旺。異元為困。合一六二七三八四九為死。對宮為煞。水與

正運異元之位爲平生旺。正運同元之位爲困死。煞每與山運反。觀局
或合格。龍不乘時。下之必凶。
定局惟看貼近之水。城。毫釐尺寸間。務要一卦澄。清。猶之山龍。辨穴先須辨落脈。前後八尺不宜雜也。更
有遠水照神能奪。龍之氣。苟外洋水大光透、反致失宮星。近穴宮星、若亦力重、則能平分勢。
倘照神若重、反致獨持其權衡。蓋之水外照過多、內水光氣、反爲所雜亂。必定因時、致元運
改。更。有凶無吉。更有水龍之眞骨髓。只將每位對山脈反看。論水之來。情。來情喜在水當
令之眞元位。如逢諸局稍有參差、則宮星減力。便一半。減輕。矣。又轉折短長純雜處此中消
算眼惺。惺。一毫不差也。
此言水龍宮星照神。兩氣兼論之法。而歸重於來情。　水以局內宮星
爲主。照神奪氣。以其光透力重也。
三元既辨、則當元之龍力。固旺。然或九曜即八卦九星。不能純一而雜。其龍力。亦喪。此是玄空

先天大五行。各各分位。山水分列卦爻、必上應天象。不容混也。九宮分爲九氣、運轉於乾。坤。乘時
禀命於天樞、爲萬化。根。源。故在天則北斗隨時而轉。司主元。氣。在地則八卦順天而輪。
顯分天。心。故上下異元。四吉四凶分。順。逆。推排。在元順。出元即逆。若在元逆。則出元反順也。父母先天乾坤
二卦、爲八卦之主。亦隨時顛。倒。挨輪。穴之向首一星、得運失運。係禍福。柄。水之去來二口、出卦入卦。
分死生。門。青囊萬卷無非假。惟有天玉內外傳。是眞。經。僞造玄空大小。洪範五行。並
雙山三合。八曜煞及黃泉水。皆枉問津。尤恨去來生旺墓。害人父母不安。後拚絕兒孫。
水龍眞訣。誠能將九曜大五行。獨司。在喉。舌。熟極而巧。立向消納。大地精華一。口。吞。此爲最重也。

按北斗司元氣。即九曜異元。八卦顯天心。即八方分運。分順逆。顛倒輪。
上元水運。則自乾九至震八坎七艮六。下元水運。則自兌四離三巽二
至坤一。其數皆逆。上元正運。自一至四。由老母而至少女。其理順。下元
正運。自六至九。由少男而及老父。其理亦逆。上下異元。四吉四凶也。吉

凶互易。則二十四山之順逆。亦以時令爲轉移。上元以坤母一白爲主。下元以乾父九紫爲主。當令者爲陽。陽爻從左邊團團轉。爻陰從右路轉相通。令一易。則陰爻轉爲陽。陽爻轉爲陰。左右旋相反矣。此即父母二卦顛倒輪也。

更說高原無水地。亦有隱穴在其際。乘高臨下即同江河。萬頃低平亦能界氣。高低數尺合三元。一旦榮華諸福至。若坐低空在後山。數世箕裘常不替。

宇宙至理。無過空實二者。高原無水。乘高即實。低平即空。實即氣也。空即所以界氣者也。萬頃低平。空力與江河比。故平地龍每發大貴。由於用合空實之秘也。不合則貽誤深矣。

江北中條平地龍。無山切莫強尋蹤。雖是乾流無水道。溝渠點滴有神功。

隱隱微茫看水法。葬法實與江南同。我向乾流指眞水。能使學士開心胸。

無水之地。即點滴乾流。力比江河。謂之眞水。以其動機能界氣也。

高山坦處近平田。莫作山龍一樣看。若遇乾流或際水。亦將此法輪三元。山脚論水局三元。稍低即作水論也。

語君葬水勝葬山。葬山歲久氣方還。水葬秀龍并旺運。三年五載透天關。天靈骨也。

山本陽精中抱陰。陰精是水陽內存。葬陽得陰陰俟漸長。葬陰得陽陽即驟伸。明水龍速應之理。

水之應驗極速。山之力量能久。一二兼勝。不較短長可也。

楊公昔日救貧法。但取三元水龍合。凡王侯將相多從此中出。都合無着禪師之金口訣。水龍一卷贈知己。大地當陽春時、及早可收矣。

安親福後。一舉兩得。況逢世運之衰。急宜挽救。苟遇知己。即當有以報之。

撼龍言九星形勢。與九星穴法。盡善盡美。疑龍言枝幹偏正背面轉換。及隨星認穴。至詳至備。然但論大體。不及小節。爰附奧語寶照天元山龍。水龍諸篇之多指小穴者。令隨處易尋。不致貪大失穴也。又尹氏精語。脈氣意變四條。亦山龍所必要者。附錄於後。

第一要得龍脈

穴頂（非龍頂。來）一線之脈。如絲。如帶。若隱若現。滴入穴中。似湯中浮酥。若水面盤。蛇。當細心體認。其致趣細軟活動。粗硬死蠢。則非。其色象清和朗潤。濁雜。暗澀。則非。此眞脈。也。

似此方是眞的。方能發福。無此則假矣。眞脈之絲帶隱現。致趣色象。當細認。默喻。俗人不及見也。深山老龍。出脈結穴。尤宜如此。

第二要乘龍氣

穴中陰煞必無氣要陽、和之氣。更得天空之生旺氣。則速發。上如覆有蓋氣。下如仰有承氣。則生氣融結。於中。發福無疑。若荷葉上露珠一。滴。周圍羅維稍起圓。輪。葉底獨現精。光。現光則氣常在。如金盤中夜光半。顆。四面聯環高出擁。護。盤內止露晶。瑩。露晶則氣亦在。此眞氣。也。

新舊墳有此。則氣到氣眞。無此則變爲假矣。

第三要識龍意

得窠則藏風。龍。意。棲得水交襟。龍。意。止逢陽和氣龍。意。生前後。左。右有尖圓方端凝秀麗之。砂。面向現光。而龍意。住此眞意。也。

凡地見此。則意住意眞。無此則亦假。

以上三條。乃葬乘生氣之。旨。勿以淺近而忽之。

第四要審龍變

高山瀉下平陽平陽忽然突泡老幹抽出嫩枝嫩脈度過美峯窩中生乳乳內開窩龍來緊湊穴逢後略空處偏落若來寬空。從後實處落穴。局結中正脈在腦角穿來斜變正。至若肥中取瘦緩處取緊飢內含飽靜中有動以上四句。均有對面語可看。宜知。意態百致不外陰陽生生陰生陽。陽生陰。變化萬端總取剛柔摩盪交互運轉。略舉一二須要類推凡地見此。乃眞陰眞陽。媾精會合。背此則假。又結穴之星有端坐端立倒眠與坐立眠三體。或側之分有正星兼體。金襯於土。小星貼大之辨俱要蓋帳輪暈照住穴場乃眞。

附元運挨星

免致陰陽兩宅。爲八貽誤。

後天卦一坎二坤三震四巽六乾七兌八艮九離三元分作兩元一二三四爲上元六七八九爲下元每卦當令三爻同旺兼左右干支。五黃中土分寄巽乾各半而坤申土位坎係先坤位均旺故洛書九宮分爲九運山運當旺自一至九水旺對宮自九至一每運二十年週而復始合上中下元共百八十年山地以同元爲平合五爲生當令爲旺（上元一四二三合下元六九七八合均爲合五水則反之合五爲死當元爲煞同元爲困）異元爲困（水則爲平）合一六二七三八四九爲死（水則爲生）對宮爲煞（水則爲旺）平生旺吉困死煞凶山運水運處處反觀自不誤矣當運爲陽（皆陽順陰逆挨）退運爲陰（則陰順陽逆挨山水皆同）蓋天氣陽生而陰死葬必乘生氣星精得令爲陽挨星者取其陽之生氣也學者但知洛書之數戴九履一左三右七二四爲肩六八爲足各有定位不能移易則山運自一順行至九水運自九逆行至一亦有定位不易矣如現將四綠以辰巽巳爲本位後交六白以戌乾亥爲本位（他宮倣此可推）愼勿執楊經辰巽亥盡是武曲位所誤蓋此就同元中交互而言（如甲癸申爲貪坤壬乙爲巨艮丙辛爲破取同元爲用而已要知上元三卦下元三卦皆屬同元皆可通用惟四與六雖同屬中元實係對宮的煞萬難通用觀姜氏註謂辰巽亥非盡武曲而與武曲爲一例則以亥爲武曲辰巽實

非。其義顯見。戌乾巳可反觀矣。即貪巨破等句。亦交互而言。不得死煞句下也。天元歌云。

九龍八卦貴乘生旺時。上下三元之運各有宜。不宜。葬著旺龍當代發。生龍亦發。葬著同元平龍發蹟。稍遲。葬著死運龍憂敗絕。困煞亦同。縱然龍局合格也難支。持也。

此言水龍吉凶。隨運而應。山運亦照看。但葬水乘時運。退即敗。故另有補救法。葬山乘時運。雖退止。不發大地。轉元發福尤大。此葬山勝葬水也。

挨星之法。先賢所秘。未敢詳言。但述大略如左。

七星挨山

合坐山一卦。連納甲干支。均爲輔星。共八星。先看入首束氣係何卦龍。連納甲看。即從入首龍一卦。從上爻變起。陰爻變陽。陽爻變陰。上爻變貪。中爻變巨。下爻變祿。又中變文。上變廉。中又變武。下變破。歸還中爻變輔爲本宮。俱連納甲干支。從入首龍變至坐山。
看何星到山。即爲何星入宮。楊賴看龍入宮。本此。再從入宮星挨
砂。仍同上變法。貪巨武連納甲爲六秀。廉貞連納甲干支爲三吉。
吉秀峯宜開面高朝。祿文破方位宜低平回抱。高則凶。有制方可。
總之坐陰山。貴陽坐陽山。貴陰。即或陰龍坐向皆陰陽龍坐向皆
陽。亦從坐山起挨。故陰龍坐陽山陽龍坐陰山最易合法。
海角經云。要知此法由來處。坐地翻來面向天。
言就穴山坐定。將羅盤擺正。面向山峯。逐位挨清。看其孰吉孰凶。多吉
中略帶凶。可用。若凶多則不用。羅經獨用內盤。若用中盤外盤。則星峯
落夾縫中。奚雜而不純。難以取用。學者不可不知。
蔣宗城云。知得三元分卦。則立向不至乘其衰敗。

言三元之向。可用坐山起挨。即天卦起對宮。地卦起庫中。人卦起貴人方。挨取向之生。旺。向取生。旺。則不至失元衰。敗。然要龍得正運生。旺。非徒挨向生旺。也。

起挨星法（山龍平地。陰陽兩宅。俱用此法。水地異此。）

元空大卦起挨星。應用回還（回環字宜着眼。）考其眞。壬通辰地申通乙。甲在未中亥在丁。丙起戌宮癸起巳。庚望丑處寅望辛。北夫南面望仲女。大雄（東震）起見出西京。老母（坤）少子（艮）相交叅。四（巽）六（乾）相逢生意眞。術士愼毋輕易說。四十八局此中尋。

言當元則陽順陰逆。挨巽元則陰順陽逆。故二十四山。變爲四十八局。非三合起長生之局也。今三合之局。載在曆書。人多用之。貽悞不淺。戒之。

天卦對宮起。地卦庫中尋。人卦起何處。貴人頭上明。

子午卯酉乾坤艮巽爲天卦。甲庚壬丙辰戌丑未爲地卦。乙辛丁癸寅申巳亥爲人封。辰戌丑未爲四庫。寅申巳亥四生、即貴人。此法更簡。記之。

山水兼用之地。上元取六七八九之水。須挨星遇一二三四。下元取一二三四之水。須挨星遇六七八九。則吉。蓋山旺正神。挨星反屬衰退。水旺零神。挨星必取生旺。向亦取挨星生旺。所謂從外生入爲吉。運一轉則向衰而山旺。從內生出反凶矣。故葬貴乘時。

二十四山分陰陽

此獨挨星所用之陰陽。非格龍向砂水。亦以此分陰陽也。現有盤上書此陰陽者。謬甚。

甲庚壬丙陽四單寅申巳亥（水則單陰。）雙陽就（連四維。）癸丁乙辛雙陰位（連四正。）辰戌丑未陰獨守（水則雙陽。）

四陽干四陰干四維陽四正陰山水皆同四生陽四庫陰水運反之

八卦分納甲干支（山龍所必用。水龍以納甲為反吟伏吟。則凶不可用。）

乾納甲坤納乙艮納丙巽納辛乾宜帶戌坤宜帶申艮可兼丑巽可兼巳以龍脈與砂皆取不雜也坎納癸申辰離納壬寅戌震納庚亥未兌納丁巳丑皆陰陽不雜

左右前後高低訣

平陽立穴（原以）水為據、而實地高低（尤）當考稽（在穴）百步之中為喉舌地一絲失察賤如泥（當細察也。）旺方昌拜（氣宜）從高下若遇（退運）零神、又要低正（運位）須高厚氣乃到零（運方）、如不洩、煞乃齊若逢大遠一邊削東地洩兮、（則來）氣眞西有了

西方低界氣西方煞氣不能躋有了東方（高來）昌拜意東方昌拜一齊擋（下元）
（此反而看）

此是陽宅定規陰宅宜同看南北高低亦照此推

看山水法（此言巒頭法）

山龍上聳地之上入於天陰交陽也水龍下陷天之下入於地陽交陰也山龍四旁空多宜取乎實故後與左右喜包抱洋龍四旁實多宜用夫空故後與左右喜低界且高山脈動以抱護爲靜而龍到平洋土靜以低界爲動而龍到一動一靜互爲其根而陰交陽合之境所謂龍到頭之訣開眼即覩矣

洋地八星挨水法（廉貞居中不用）

海角經云但把向中裝本卦便知流水吉和凶

此言坐滿朝空之地則坐後有地氣向前有水氣將坐宮一字以本卦本數裝在向中若坐水立穴則將向上之字裝在水中陽順陰逆挨去便知水吉凶廉貞居中不用分貪巨祿文武破輔弼八星以貪巨祿文爲上元武破輔弼爲下元每以對宮零水作旺神以坐山正神爲衰退不宜見水若坐空朝滿須坐零爲水旺朝正爲氣旺與山穴相反下卦起星平洋看龍之法無極子挨星本此

蔣宗城云水宜分清三卦輪挨知得挨星下穴不至落於空亡非穴坐空亡也謂支河义港斜來橫去之水落空知挨星法可以立向轉移也橫過莽來去者不忌水龍人卦四生與四干以四陽干爲單空四維兩陽爻爲雙空地卦以四生爲單空四正兩陰爻爲雙空天卦四正以陽干爲空四維以四生爲空陽空男不育陰空女不成單空人財減雙空定

少丁。立向挪移。可以不犯。歌曰。水神衰旺有權衡。立向挪移要辨明。空位流神最易犯。一絲失察不容情。坤主翻來飛向艮。寅位即貽單空位名。壬巨翻來算到丙午丁雙空位是門棖。乙山翻到辛爲巨。庚位單空逆行不及輪。餘可倣推。若逢叉港支河擾。冲破陰陽多受驚。假如辰翻到戌。輪破至壬。子癸爲雙空。及卯乙午丁酉辛。皆雙陰空位。亂流冲破。丁將絕。詳註在後。論入地兩卦。水龍輪法下。

挨星吉凶照臨訣

衰旺權衡操在水。初年改令在九星。上下改元。水若上元逢六七八九。下元逢一二三四。是逢吉照、設旺上元之水。挨遇六七八九。旺下元之水。挨遇一二三四。則挨來之星不吉。刻剝生宮地不靈。如上元見水。臨下元凶位。下元見水臨上元凶位、即指上下同元之方位。而挨星還遇吉。則亦抹倒凶星禍少輕。諸如離艮兌乾。水運是上元吉氣生。水旺對宮也。四位挨星誰是吉。亦須一二三四。臨。下元反之。下言無水朝迎之局。以辰巽爲武曲。山上挨乾流之水。如巽山乾向一端看。順挨破在離方是下元吉星。巽附上元。則此水不靈。矣。輔挨星在上元坤方則煞上加煞。弼挨星加下元兌位、位吉星不吉。則福亦輕。貪是上元吉星。挨在下元乾方則吉更吉。吉巨挨星、臨上元坎位、能制凶星。祿上元吉星。挨在下元艮兮爲吉照。水逢吉照始敷榮。凡水皆然。八地兩卦之水。須隔四位起挨。惟天卦本宮起挨。乾戌文曲。亦倣此推。巽六乾四。除山上挨乾流水。別無可用。切記。若洋地見水朝迎。則卽巽翻向乾爲文曲。乾翻向巽爲武曲矣。不得執辰巽武曲句。誤地理大事。況巽四乾六。洛書定數。山穴見明水處。亦須對宮起挨星。方吉。

二十四水逐字用度

子午卯酉水當令最貴。至子午尤長。水要之玄直朝。車輪曲尺不美。失時則淫亂作賊爲奴。失時而又與向陰陽雜則賤。下數雜字。皆與向陰陽雜。

求貴必於四正。失運反賤。公卿之子。降爲皂隸。貴兮賤所依也。惟喜直來朝穴。主正途出身。若轉如車輪。不足論矣。分明夫婦者。歌中有要分明夫與婦。將遠照與近身評二句。近身男應。是內交媾。遠照女應。是外交媾。卽洛書一六二七三八四九之四大局。以中五之地。五五相得。合二五之一山一水。媾精合氣。以凝合中之全體。恰合縱橫十五之數。斯其爲地下之姤。合能相地之陰質。然後能邀天之陽精。以成男女。而生機出焉。如立坎山順一數六。中隔五位。是近身內交。作離向逆九數四。亦隔五位。是遠照外交。合中五之地。卽十五也。又如立兌山逆七至二。得五數。作卯向順三至八。亦得五數。合中五之處。亦十五也。內以坐山配水。外以向水配山。爲朋爲偶。同道作友。顚之倒之。相其自然。而後能合其所以然也。他若六七三四。俱無隔爲雙卦。二九一八。俱隔七位爲分卦。是以一六四九老陰老陽不與三八二七少陰少陽相交。少陰少陽不與老陰老陽相配也。此卽龍分兩片。精義實遠照近身。確旨今補義書雌雄說中先天卦兩體合一之義。前賢俱未經道破。今明其卦。更發其義。不免浪洩矣。　如先天坤艮老

陰也。即洛書之一六同宗。將上爻一往一來。則坤變爲艮。艮變天坤。兩
體合成一體。先天乾兌老陽也。即洛書之四九爲友。將上爻一往一來。
則乾變爲兌。兌變爲乾。亦兩體合一。先天震離少陰也。即洛書之三八
爲朋。將上爻一消一長。則震化爲離。離化爲震。兩卦合一。先天巽坎少
陽也。即洛書之二七同道。將上爻一進一退。則坎化爲巽。巽化爲坎。亦
兩卦合成一卦。此老陰之所以配老陽。少陰之所以配少陽。而老與少
不相偶也。蓋上元一坎當令。先天坤也。一與六偶。斷必得乾宮之水爲
內交。對宮必得離水。巽峯爲外交。中元四綠當令。先天兌也。四與九交。
斷必得午方之水爲內交。對宮必得乾水。子峯爲外交。下元七赤當令。
先天坎也。七與二交。斷必得坤方之水爲內交。對宮必得震水。艮峯爲
外交。此三元九宮。一山一水。以成內交而外交。則一水一山反之舉二

十四山分天人地三卦照此可類推焉楊公養老看雌雄此雌雄也放之則彌六合矣　如二坤司令七八宜水三宜山三碧司令八七宜水二宜山六白司令一四宜水九宜山八白司令三二宜水七宜山九紫司令四一宜水六宜山但山穴內交只乾流水外交則一水一山多是天然若本塋亥向癸方有山紹塋辛兼戌向申與壬俱有山壽域艮向卯有大山裘穴午向巽方多山吳穴庚向未坤有山魏穴丙向辰方有山錢穴亦同處處皆一水一山成外交也

辰戌丑未水得運發財發福失運傷丁且賤雜傷男

求財必於四庫至失運則出盜賊天下事每每相反

寅申巳亥得運催丁失運傷女交姤水挂梁雜傷女乾艮水生男而貴巽坤先女而富失運與雜反是

四隅龍體。不比四正。四正貴乎直對。四隅貴乎轉灣。曲如輪出文貴。若之玄。出強梁。猶四正遇車輪。反爲不美也。乾艮男而貴已在言外。坤巽富。而女亦在言表。得運非不生男。乃先生女。耳河洛之理如此。

乙辛丁癸。貴失時與雜賤。　四陰干與四正合同。得運催官。失運降級。若是單行。得運特貴。失運則賤。雜亦主賤也。

甲庚壬丙。富失時與雜貧。　得運富。失運與雜貧。而丙爲帝。釋尤貴。四陽干發富。且喜造屋。陽宅之帝宮。帝殿卽在壬丙之方可驗。

若還四正支來輔。時得　富且貴兮。時失　賤且殃。

水以見光爲準。失時與雜。俱可設法補救。障蔽惟兌乾與巽震。每一卦水不嫌雜。以三四同元。六七同運也。

逐位陰陽差錯以水龍論也。故地卦皆陽。人卦皆陰。若山龍則四生陽。四庫陰。

壬子癸坎宮一卦。夾亥來去傷女。夾丑來去傷男。不論何卦。雜左右兩宮。水即犯差錯。橫過水仍出吉方。不忌。三與四。六與七。亦不忌。四生陰故傷女。四庫陽故傷男。八宮同斷其收輔弼水神補救。將來者須遠照則佳。若入地旺水兼貪。陰陽不雜元運亦。通。俱有合五之妙。自無差錯之虞

錯雜各卦凶應。總因局不同元所致。應在何人何事。則以先天乾坤爲父母。震坎艮男。巽離兌女。錯雜出運。則有以上各種凶應。雖地大力厚而錯雜之處。亦不免於小傷暗醜。後天卦帶看。愼之愼之。

辨水路來去格

水神衰旺有權衡。水路來去亦豈一。凶入吉中禍稱輕。寇來自有兒孫敵。吉流凶處吉成凶。外賊不來家賊逸。凶入吉。初不利。後有慶。吉入凶。初有福。後有災。隨時障蔽則吉。

龍向水須陰陽相配就先天論。每一卦。管三爻。

先天乾震坎艮男卦陽。坤巽離兌女卦陰。山要龍與水。合洋須向與水合。此言坐水穴也。如向水局仍須坐與水合所謂陰用陽水朝陽用陰水應也。山穴則自然之龍。有自然之向。或水不盡配。向自然可兼。歌云陰龍水路要陽朝。陰水流歸陽要匹。水地立向剪裁有定。衡三年五載官可必。山要合龍。向亦自然能合。先艮龍。要先坤兌匹。餘可類推。

先天卦陰山用陽水朝陽山用陰水應合之固眷屬一。家後天卦山以正運收山氣。水以零運收水氣。分之亦互為生旺。

先天一陰一陽對待為主。故上下元分。四龍天星惟取相配。陰山與陽水合。陽山與陰水合。後天二十四山分陰分陽。各爻以納甲分。致用為主。山龍以坐宮收砂。水龍以坐水收氣。故八方坐。向。可借為配。坐陽收陰。坐陰收陽。山地收吉砂朝。砂宜高秀。水地收吉氣來。氣要昌翔。

卦運修短訣

逐元逐卦逐時遷。一正運一催運各廿年。坤艮單行只一卦管三字。震巽逆。乾兌逆。

雙脈兩宮各六字連。子統上元。午統下元。水運反觀。南北共八神上下各管十二位。源流悠遠發無邊。

五黃半巽半乾。寄位坤申。坤與坎先坤有水多敗。乾巽有水多發。爲乾巽兩催。

兌艮離水亦發。

總論秘訣

水輪環處患叉河。正忌零否。丁後丁前總有疴。叉河如丁字樣。即不出卦眞氣散。如逢越卦見殘多。譬如砂形、高岸尖尖峯亂射。固凶。水形尖如崇牙體象若鋸齒形。禍即成窠七叉八丫皆流破。一枝一射一操戈。莫以旺宮貪遠照。三吉流神。有叉丁即爲破軍星。破軍星體。水射。必致淚滂沱。手足傷殘兼小口。禿頭瞽目類斧柯。言凶應也。會同嶠星論休咎。看在何宮應何八何體。不少差訛。言百步內。要星體完全。如高岡叉河如崇牙者。凶甚。與嶠星同看。必應位妨人傷體諸凡破體看何位。二十四山逐位詳。壬子癸中遭此劫。先天坤位。定然家母禍相當。偏居癸陰位婦人受。若在壬陽兮男子傷。八卦排來、其吉應亦同論。斷一到人墳從可曉吉。昌。何人何體。八卦分屬。假如午爲先乾。爲父爲首。丙陽丁陰。分應男女。他卦可倣推。後天但帶看。亦應。

八卦分人分體圖

假如後天乾卦。先天在離。後居艮位有凶形。三卦同斷。如乾患首。離患目。艮患手與背。八卦屬人身之義。見於說卦傳。山砂水身與嶠星。有吉形。亦應何人。承當何體。秀異。

附河洛以正邪說

先天河圖。一六居北屬水。二七居南屬火。三八居東屬木。四九居西屬金。五十居中爲土。後天洛書。則一六同宗居北。四九爲友居南。三八爲朋居東。三七同途居西。五黃土居中央。北水南火東木西金方位不易。惟四九與二七易位。此先天之所以爲體。而後天爲用也。又先天八卦皆對待分陰分陽。即乾坤艮兌爲老陰老陽。坎離震巽爲少陰少陽也。後天八卦上元以一白爲主順行。故一水至二坤爲濕土。濕土生木。故三震四巽俱屬木。下元以九紫爲主逆行。故九火至八艮爲燥土。燥土生金。故七兌六乾俱屬金。挨星取用以後天爲準。又高者爲山。（高一寸以山論。）山上排運自一至九順行。低者爲水。（低一寸以水論。）水裏排運自九至一逆行。以山旺正神。水旺零神也。取零神宜坐空。不能坐空則向空收水氣。取正神宜坐實。不能坐實則向實收來氣。今人多用一白甲午亥之例。此五行翻値向者。即陽順陰逆之局止旺財丁古仙所不重況一運坐甲宜實向庚空為一午亥宜坐空向子巳實為一俗師不知坐有空實之分概以坐甲午亥為一運之吉誤人多矣其餘二巳未艮三壬酉丁乙四丙乾申六癸丑巽七丁卯庚八坤寅戌九辛子辰皆分陰陽挨輪宜坐空宜坐實一一可以類推一隅三反可也

黃泉吉凶例（此以下至立向收水分左右旋皆尹一勺言）

如庚丁坤上是黃泉四語人所共曉不知庚龍起巳左旋丁龍起酉右旋起巳起酉即起長生法排龍可用挨星不用坤未即冠帶位係庚丁龍出脈分氣之所故忌見此水乙丙甲癸辛壬龍皆倣此可推此殺人黃泉也龍家管之今人多為甲癸向中句所誤（此句實言甲龍起亥癸龍起卯以丑艮為冠帶故憂艮流破也）用於向上毫不準驗誤一又如辛入乾宮百萬莊四語以四陰干向水皆右

旋故乾坤艮巽水宜入若水左旋則宜略兼四庫向乾坤艮巽水宜出此救人黃泉也立向用之今人不知向分左右旋多以龍家之左右旋用之向上又不準驗誤二不知向上之五行與龍家不同所謂山上龍神不下水也夫龍家五行爲體向上五行爲用不識龍家五行則不知龍神之玄關竅不識向上五行則不能爲所作之局通玄達關合竅其貽誤豈淺鮮哉龍神玄竅由天地之自然向上玄竅稍差即失聽人提轉即寶珠火坑入用元機詳錄於左

壬子水從壬丑爲水庫從壬甲卯木從甲辰爲木庫從甲丙午火從丙未爲火庫從丙庚酉金從庚戌爲金庫從庚此十二向水起長生俱順行宅墓之水宜左倒右合生旺來死墓去若右水倒左立此十二向死墓絕來生旺冠官去爲犯黃泉四正向仲房敗四庫向季房敗切忌艮寅東維從

乙乙生丁火從丁巽巳南維從丁丁尅辛金從辛坤申西維從辛辛生

癸水從癸乾亥北維從癸癸生乙木從乙。此十二向。水起長生。俱逆行。宜右倒左。合生旺來。死墓去。若左水倒右。則死墓絕來。生旺冠官去。爲犯黃泉。四維屬長。長房敗。四陰干屬季。季房敗。塚宅俱驗。以眼見之水爲凶。其不見者稍遲。如犯此凶。向可略用兼加。凡兼左右。即從兼字論五行。蓋向法以丑爲水庫。辰爲木庫。未爲火庫。戌爲金庫。由四季排之。即每年四時之運行。確不可易者。世人立向。誤用龍上三合所以多不準驗。

闢僞造蔣盤

先天卦四正乾坤坎離陽。四隅震兌艮巽陰。定理也。後天卦皆易位。而陰陽不易。故坎納癸申辰。離納壬寅戌。乾納甲。坤納乙。此十二位皆陽。震納庚亥未。兌納丁巳丑。艮納丙。巽納辛。此十二位皆陰。陰陽從先天而定。萬古不能改易。故盤止二十四山。字分紅黑。以別陰陽。亦依納甲所定。今新作之盤。竟將玄空生成圖。所用山法挨星。甲庚壬丙陽。乙辛丁癸陰。寅申巳亥陽。辰戌丑未陰。四維陽。四正陰。於盤上二十四山。挨星屬陽者刋紅字。屬陰者刊黑字。改易納甲一定之陰。甲致人陰陽多誤用。甚無謂也。況此惟挨山可用。若以此挨水。則辰戌丑未陽。寅申巳亥陰。便不適用。造此盤者。愚而好自用。直欲以此愚人也。噫。

山龍及平地分三卦用法

江東一卦從來吉。即地卦甲庚壬丙辰戌丑未 八神經也。四個位起挨星。四陽干起四庫。四陰庫起陽干。又此卦地位狹隘。不能兼他卦。只單用一卦也。江西一卦排龍位。即人卦乙辛丁癸寅申巳亥 八神經也。四個起挨。四陰干起四生。四生陽。起陰干。此卦地位較寬。可兼用二卦。人兼天也。南北八神即子午卯酉乾坤艮巽。共一天卦。山則不經位數。突然起輪。水則翻在對宮。此卦地位尤寬。四正山兼陰干。水則可兼陽。四維山兼四生。水則可兼四庫。端的應驗無差。失也

附山水二龍挨法不同

水龍天卦。照本位本數。一二三四六七八九。翻在對宮起輪。人地兩卦。亦照本數翻

對宮起輪。且四維天卦。兼四庫屬陽。四庫山本屬陰。轉以四生爲單陰。四生山本屬陽。如辰翻臨戌。陽順行。亥即單空。子癸爲雙空。巳翻臨亥。陰逆行。乾戌即雙空。庚爲單空。若亂流冲破。單空人財滅。雙空便無丁。世之有財無丁者。大抵流破雙空耳。要之無論得失元運。總不宜犯此。流神之說。視天元漏道之說。更精一層。此刼在立向之挪移可以不犯

天地人三卦兼取救補法

子癸午丁天元宮。卯乙酉辛一路同。若有山水一同到。半穴乾坤艮巽宮。兼寅申巳亥之局。即輔弼位。也。故曰取得輔星成五吉。山中即水中有此是眞龍蓋水龍天卦。兼取輔弼。水係對宮旺。如上元一二三四運。九八七六之水旺。兼取四三二一水爲弼。下元六七八九運。四三二一之水旺。兼取九八七六水爲輔。水以異元爲吉。同元爲凶。取輔屬同元。以補救將來用。故云成五吉也。凡水運退即敗。取同元之輔弼水。補救末胤衰微。則三元不敗。故經註秘密。不言挨法。余用飛宮倒排法。將每運旺水本數。移入巽宮。倒排至輔弼位。上元取弼。下元取輔。一一吻合。方知取用之法。

辰戌丑未地元龍。乾坤艮巽夫婦宗。甲庚壬丙爲正向。脈取貪狼護正龍。

寅申巳亥人元來。乙辛丁癸水來催。取得貪狼成五吉。寅雜甲則向坤申雜庚則向艮使歸一路爲御門開巳雜丙宜向天門上亥。雜壬向得巽風吹。皆避出卦而歸一卦也。

要知人地兩卦雖取貪護而貪係同元合五。不能補救。故蔣氏謂不言輔。弼。輔弼已在其中。因知人地補救。亦必兼取輔弼。曷云已在其中。蓋向取貪狼坐宮即是輔弼。故曰在其中也。用法同天元。可以類推而知但水旺對宮。用本運異元之水。宜近照。輔弼仍與本運同元水。宜遠照始吉。此訣甚秘。先賢從未道破。今一一說明。不勝浪洩天機之懼矣。又兼取輔弼。惟穴上先見旺水方可兼。若不先見旺水臨時取勝。則兼之反生咎。不可不知。又天地人三卦。均以相聯相交一宮。各取同卦一字爲用。方爲眞配。

附地但求眞莫求大說

公劉一什。周公述祖德者也。曰相陰陽觀流泉。明是察地理。公劉作之。周公述之。地理法竅。固聖賢所深知。其不筆之於書者。慮後人私心用事。不度己之德耑求大地欲以人巧奪天工也人欲奪天必遭天譴昔郭氏葬經祗言大略楊公徧閱大地不一明言職是故耳故求地者度德而處之量力而行之有意安親但求一眞地使螻蟻不生木根不入山則砂衛風不得吹洋則界清水不能劫如是足矣愼毋忽近而求遠厭小而貪大以致停屍不葬孝子慈孫於心何忍蔣氏有云勸君大地勿悞求大形大局少根由縱有千山幷萬水與他穴氣不相投至理名言不可不信蓋吉地方方有在人眼下尋苟得運乘時水嫩山嫩屍又不寒應驗極速隨緣相遇可耳大地出當何代葬屬何人預定在天非人所致吾願精斯術者遵楊公戒云若還求地不種德穩口深藏舌